U0366512

门萨智力大师系列

MENSA
门萨全新谜题集

〔英〕蒂姆·戴多普洛斯/著 丁大刚 金菲菲/译

华东师范大学出版社

ECNUP

全国百佳图书出版单位

图书在版编目（CIP）数据

门萨全新谜题集／(英)蒂姆·戴多普洛斯著；丁
大刚,金菲菲译. —上海:华东师范大学出版社,2018
(门萨智力大师)
ISBN 978-7-5675-7871-5

Ⅰ.①门… Ⅱ.①蒂…②丁…③金… Ⅲ.①智力测
验 Ⅳ.①G449.4

中国版本图书馆 CIP 数据核字(2018)第 137395 号

MENSA: THE ALL - NEW PUZZLE BOOK
Copyright © Carlton Books Limited 2016
This edition arranged with CARLTON BOOKS
through BIG APPLE AGENCY, LABUAN, MALAYSIA.
Simplified Chinese edition copyright:
2018 SHANGHAI 99 READERS' CULTURE CO. , LTD.
All rights reserved.

上海市版权局著作权合同登记　图字：09-2018-424 号

门萨全新谜题集

著　　者	(英)蒂姆·戴多普洛斯
译　　者	丁大刚　金菲菲
项目编辑	乔　健　陈　斌
审读编辑	石　战
装帧设计	李　佳

出版发行	华东师范大学出版社
社　　址	上海市中山北路 3663 号　邮编 200062
网　　址	www.ecnupress.com.cn
电　　话	021-60821666　行政传真 021-62572105
客服电话	021-62865537　门市(邮购)电话 021-62869887
地　　址	上海市中山北路 3663 号华东师范大学校内先锋路口
网　　店	http://hdsdcbs.tmall.com

印 刷 者	宁波市大港印务有限公司
开　　本	700×1000　16 开
印　　张	9
字　　数	208 千字
版　　次	2018 年 9 月第 1 版
印　　次	2023 年 3 月第 4 次
书　　号	ISBN 978-7-5675-7871-5/G·11206
定　　价	59.00 元

出版人　王　焰

(如发现本版图书有印订质量问题,请寄回本社客服中心调换或电话 021-62865537 联系)

什么是门萨?

"门萨"是世界顶级高智商俱乐部的名称。

拥有十万多名会员,遍及全球四十多个国家。

俱乐部的宗旨是:

从人类利益出发,确认、培养以及巩固人类智力;

鼓励开发研究人类智力的本能、特征和用途;

为其会员提供宝贵的智力激发、交流和发展的机会。

任何智力测试得分在世界人口前2%的人都有资格成为门萨俱乐部的一员——您是我们

一直在寻找的那"2%"吗?

门萨成员享有以下权益:

国内外线上线下社交活动;

量身打造的兴趣小组——从艺术到动物学研究,百余种选择只为迎合您的兴趣爱好;

会员月刊和当地活动时讯;

同城聚会——从游戏竞技比赛到小食、酒水聚会;

国内外周末聚会和会议;

激发智力的讲座与研讨会;

享受SIGHT(国际向导和接待游客)组织所提供的服务。

导言

欢迎来到《门萨全新谜题集》，本书包括二百道各种各样的谜题。即便是解题高手，面对这些测试智力的谜题也会频频受挫，抓耳挠腮。

本书由门萨智力大师编写，在解决这些谜题的同时，您会发现产生了更多的问题，而且有的还很复杂。这些谜题旨在挑战您的逻辑推理、横向思维、空间感知、数学运算及文字图案辨识等能力。解决这些谜题，您首先需要认真思考一段时间，但是如果您觉得需要参考书后的答案的话，那也没关系——每个人都有自己的强项。最重要的是，在这个过程中，您的大脑得到了良好的锻炼。

一般来说，这些谜题可以分为五个类别，每道题涉及其中一类或者多种类型并存。

1. 逻辑推理是任何谜题的基础。逻辑推理就是根据已知信息，想出解决问题的具体步骤。虽然最纯粹的逻辑推理完全不需要先前的知识储备，但是逻辑思维仍是解决谜题所必备的能力。因为绝大多数的谜题中都会用到逻辑思维能力。

2. 横向思维挑战头脑的灵活性。有时，您需要偏离常规套路。虽然这些谜题都经过精心设计，对于任何人都是公平

的，但其中有一些可能并不像初看之下那样简单。因此，如果您一时解决不了，或许就该抛开之前的假设，想一想还有什么别的方法。

3. 空间感知是智力极其重要的一个方面。高智商最明显的一个表现就是能获取抽象的视觉信息，并且将其视作客观现实的一部分来处理。使用空间感知处理数据可以获得新的推论和推断，增加能够处理的信息。

4. 文字图案辨识考察您处理书面语言和辨识图案的能力。文字图案辨识能力是高智商的另一个重要表现。熟练地运用语言的能力是交流的前提条件，没有交流，就不能交换思想，分享新知识。

5. 数学和信息类问题是为了测试您的知识和解答谜题的能力。智力只有在现实中运用，才能得到最大限度的发挥。天才是在实践中被发现的，而不是由您的潜能决定的。因此，这些谜题会测试您的数学能力和其他常识，以及解决问题的能力。

这些能力的重要性可能就是为什么人类从最早期开始，就用谜题测试我们的智力的原因。谜题无处不在；在当今或者历史上，每一种文化都包含谜题，现在已有的最早的有记载的证据证明了这一点。

想要战胜智力挑战的欲望是一种本能，它关乎着我们人类存在的本质。我们的大脑能够观察世界、挑战世界、操控世界，世界也因此具有了意义。这是我们最大的财富。就像锻炼身体一样，锻炼脑力也能在深层的脑化学层面让我们感觉愉悦，而且受益无穷。我们喜欢评估自己，喜欢在挑战中获胜，也喜欢成长。事实证明，锻炼脑力——解答谜题，可以帮助延缓大脑衰退，甚至有助于预防阿尔兹海默症。锻炼脑力确实令人愉快，益处也多。

　　虽然谜题没有严格的编写顺序，但很可能您会发现，本书开头的谜题比后面的更直白一些。这让我们明确一点——解答这些谜题并不容易，但会很有趣。

　　祝您解题愉快！

目录

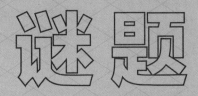

01

如果Andrew（安德鲁）喜欢riverbank（河堤）但不喜欢shore（海滨），Michael（迈克尔）喜欢hills（丘陵）但不喜欢valleys（山谷），Malcolm（马尔科姆）喜欢countryside（农村）但不喜欢forest（森林），那么请问Thomas（托马斯）喜欢什么？

A. plains（平原）
B. meadow（草地）
C. taiga（针叶树林）
D. badlands（荒地）
E. tundra（苔原）

答案见126页

答案见126页

2

02

表格里的每个图案都代表一定的数值，请问问号处的数值是多少？

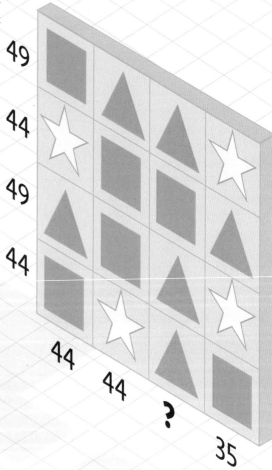

49
44
49
44
44
44
?
35

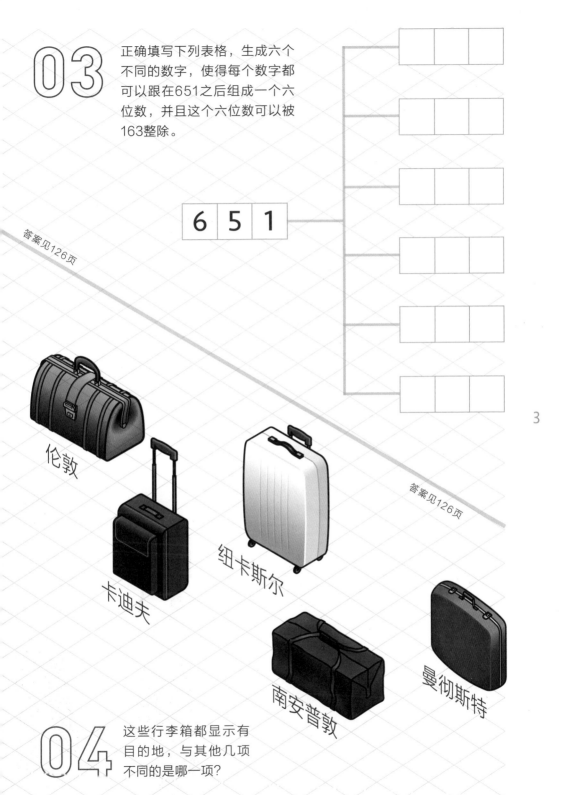

03

正确填写下列表格，生成六个不同的数字，使得每个数字都可以跟在651之后组成一个六位数，并且这个六位数可以被163整除。

答案见126页

| 6 | 5 | 1 |

答案见126页

伦敦

卡迪夫

纽卡斯尔

南安普敦

曼彻斯特

04

这些行李箱都显示有目的地，与其他几项不同的是哪一项？

05

下表中的数字代表几首著名的乐曲，您能用数字所代表的字母破解乐曲名吗?

1	2	3	4	5	6	7	8	9
a	b	c	d	e	f	g	h	i
j	k	l	m	n	o	p	q	r
s	t	u	v	w	x	y	z	

2	5	5	9	7	5	5	1	9	1	1	2	3	9	4	1	7	9	5	9	7	8	2	9	6	5	4	5	9							
5	8	9	2	5	5	7	9	8	6	3	1	2	6	5	9	2	8	5	9	2	6	4	7	7	3	1	9	4							
7	9	5	2	9	6	3	6	7	4	9	2	8	5	9	4	1	9	2	9	1	9	4	5	9	6	6	9	2	8	5	9	4	6	6	5
3	5	3	9	5	5	9	4	9	6	5	9	6	1	3	3	9	5	7	9	9	5	2	6	9	7	6	3								

4 　答案见126页

答案见126页

06

一个小组由100个人组成，这100个人不是堕落的就是正直的。在这100人中，至少有一个人是正直的，并且任意两个人中至少有一个是堕落的。请问这100个人中，堕落的人和正直的人各有几个?

07

您能在下图中找到这样一个方块吗？这个方块上的数字加上15得到的数字距离它三个方块，减去12得到的数字距离它两个方块，加上5得到的数字距离它六个方块，减去4得到的数字距离它七个方块。图中的所有直线都是正交直线。

	A	B	C	D	E	F	G	H	I
1	52	9	35	11	18	16	80	7	21
2	29	15	70	89	75	9	78	86	4
3	58	26	4	6	70	52	15	72	84
4	17	37	85	54	53	87	38	97	8
5	72	21	92	83	38	2	39	56	84
6	43	61	25	96	33	19	48	39	56
7	54	62	4	47	53	17	49	31	61
8	31	94	29	7	46	11	4	75	88
9	46	8	74	96	83	51	65	36	5

5

答案见126页

下图是由5×5的数字表格组成的，当它正确重组之后，每一行中的数字与其对应的每一列中的数字相同，如第一行对应第一列，以此类推。您能将其重组吗？

6

2	1	9
6	8	3

8
3

0
1

1
7

6	4	8

5	5	8	2

5	1
6	9

5	2

答案见126页

在这个3×3的网格中，有一个方块是错误的，请问是哪一个？

答案见126页

答案见126页

按照图中的逻辑，请问图中最上面的三角形里应该包含什么图形？

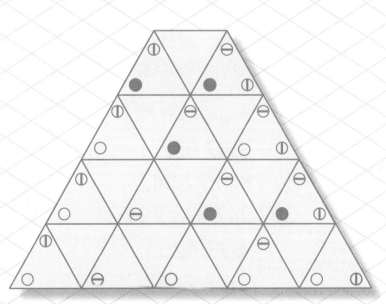

11

下列数字组合代表地名，这些地名的英语字母转化成了数字，现在需要在老式的电话键盘上破解这些数字，您能做到吗？

答案见126页

842 632

287 872 542

293 247 378 254 2

639 426

726 852 63

12 下图遵循一定的逻辑，请问问号
处可以填什么？

答案见第126页

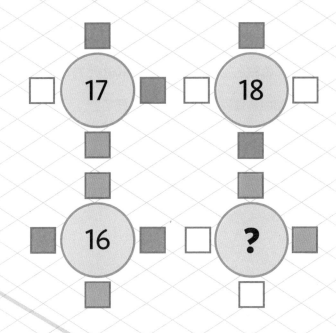

答案见126页

13 用图中最小的三角数乘以最大的素数，
请问答案是什么？

21	49	11
55	16	23
45	9	31

14

这个列表有一些错误，您能指出来吗？

Bolton（博尔顿）　　**Frankfurt**（法兰克福）　　**Portland**（波特兰）

London（伦敦）　　**Cape Town**（开普敦）　　**Athens**（雅典）

Chiang Mai（清迈）　　**Rome**（罗马）　　**Muscat**（马斯喀特）

Paris（巴黎）　　**Sydney**（悉尼）　　**Prague**（布拉格）

Derry（德里）　　**Madrid**（马德里）

答案见126页

15

下列单词都是化学元素，您能写出它们的正确形式吗？

答案见126页

AIM SPOUTS

NAG ME SANE

NOBLE DUMMY

HUSH PRO OPS

NERDY HOG

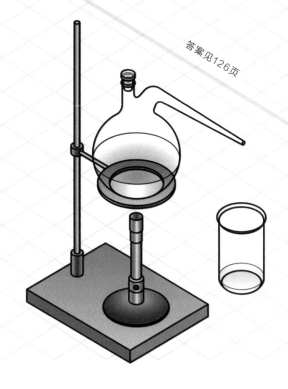

您能依次从每个圆形中取出一个字母，组成三个不同城市的地名吗？

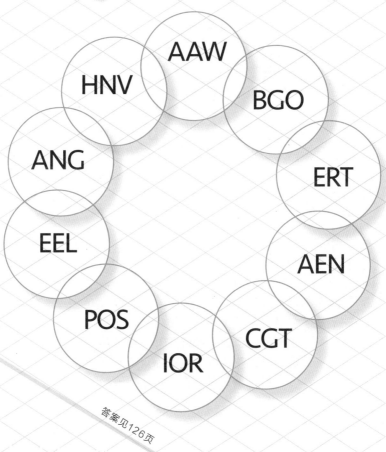

AAW

HNV

BGO

ANG

ERT

EEL

AEN

POS

CGT

IOR

答案见126页

答案见126页

2R	3D	2D	2L	1D
1R	3D	2L	1D	1L
2D	3R	F	3L	2U
3U	1R	1D	3U	4L
3R	2U	2R	1U	1U

17

图中的每个格子告诉您，您必须如何移动才能到下一个格子。左，右，上和下。3R就是向右移动三个格子，4UL就是向左上方移动四个格子。您的任务就是每个格子要走一遍，并且每个格子都只能走一遍，最终到达终点F。您能找出起点格吗？

12

18

请问问号中的字母应该是什么？

答案见126页

答案见126页

19

您能将下面十二个单词分成四个类别，每个类别有三个单词吗？

SNOOK

PALAIC

BARBEL

GUISARME

UGARTIC

AMARANTHINE

EBLAITE

SANGUINEOUS

CHAKRAM

RASBORA

CELADON

FLAMBERGE

下图数字按照一定顺序排列，但是其中有些数字打乱了。当插入正确的数字后，就会显示不同的数列。请问这个数列是什么？

答案见127页

14

1	5	3	7	2	6	4	8	0
9	1	7	2	6	4	8	4	8
0	7	1	5	3	7	2	8	4
8	1	9	1	5	3	7	4	6
4	9	0	9	1	5	3	6	2
6	4	8	0	9	1	5	2	7
2	6	4	8	0	9	6	5	3
7	2	6	4	8	4	9	1	5
3	7	2	6	8	8	0	9	1
5	3	7	4	6	4	8	0	9
1	5	0	7	2	6	4	8	0
9	3	5	3	7	2	6	4	8
0	5	1	5	3	7	2	6	4
8	1	9	1	5	3	7	2	6
4	9	0	9	1	5	3	7	2
6	4	9	1	5	3	7	3	7
2	6	4	8	0	9	1	5	3

21

K的值是多少?

$M + N + N = 39$

$K + K + L = 37$

$L + M + N = 41$

$K + L + N = 36$

答案见127页

答案见127页

22

下图是按照一定的逻辑设计而成的,
请问问号处应该填什么?

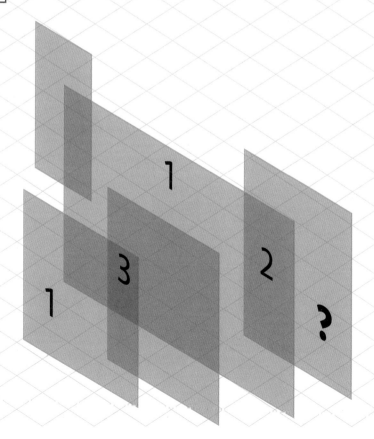

23 请问问号处应该填什么字母？

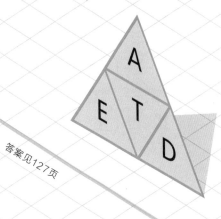

A
E T D

?
I R
A
N
U G L

答案见127页

24 下面五项是一个著名城市的五个区，您能写出来吗？

答案见127页

16

ARBLQSEIADTN
NAHTN
OAOLYNNT

MBOXES
RUNATN
KES

25

您能用所给的数字正确地
填完下表吗？

17

三位数	五位数	六位数	七位数	九位数
350	12325	107613	1860589	184399096
637	50435	644059	2818249	327531981
900	57157	744858	3258302	609636074
911	58147	909137	3422047	636969961
	62658		4157622	
	82682		5636795	
	87135		7096359	
	90608		9090680	

答案见127页

您能走出迷宫吗?

答案见127页

开始

18

结束

27

聚会结束后，有十个人在取自己的外套，但是太黑了，场面有一些混乱。可能有人拿错了外套。如果这些人中九个人拿对了自己的外套，那么第十个人拿错外套的概率是多少？

答案见127页

28

四种类别的狗打乱在下表中，每个种类由四个字母组成。请问图中哪一组字母没有用到？

答案见127页

LI	CH	PE
SK	PU	OW
SA	YE	TO

29

图中的数字和字母是按照一定的逻辑顺序排列的，请问问号处应该填什么数字？

30

每个方块中缺少的字母是什么？

答案见127页

31 下图是按照一定逻辑设计而成的，请问问号处应该是什么呢？

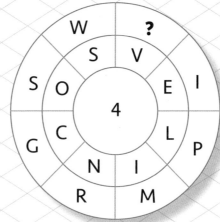

答案见127页

答案见127页

32 去掉所有出现超过一次的字母，然后将剩下的字母重组（字母可重复使用），组成一个城市名。请问城市名是什么？

R	B	K	W	G	Q	V	J
C	N	Q	L	S	D	U	W
D	O	U	I	X	Y	P	G
Z	F	B	Z	L	A	I	D
X	Q	N	F	Q	J	T	C
T	H	V	M	P	E	O	Y

33

两颗卫星围绕一颗行星运行。其中一颗卫星运行一圈需要30天，另一颗卫星运行一圈需要5天。如果此刻两颗卫星正好完美相遇，并且运行较快的卫星正好运行到行星和另一颗运行较慢的卫星之间，那么这三个星体再次向同一方向运行是什么时候？

答案见127页

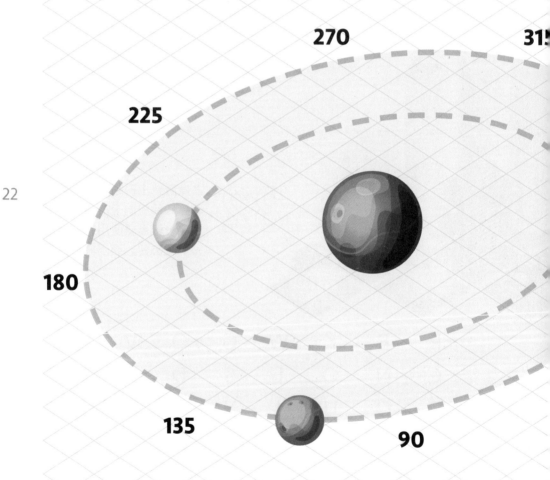

270

315

225

180

135

90

在右图中，每一行、每一列以及每条对角线上的五个数字相加都为121。图中每个空格都要填满，并且只能用四组数字。您能填完吗？

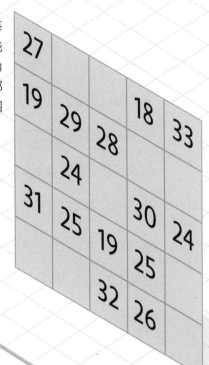

答案见127页

0

23

答案见127页

35 与其他几项不同的是哪一项？

45

A: FORT SUMTER

B: ALAMO

C: FREDRICKSBURGH

D: CEDAR CREEK

E: SHILOH

F: FIVE FORKS

G: GETTYSBURGH

下列哪组数字组合不是804,331,088,950,120,324,614的数字变位？

a. 580,468,043,103,819,201,342

b. 469,018,085,280,303,244,113

c. 400,800,832,192,461,543,831

d. 905,446,102,100,821,833,438

e. 960,330,324,484,180,215,810

f. 433,201,501,314,492,608,880

g. 280,135,248,018,601,039,345

h. 139,541,012,808,624,003,843

i. 280,003,314,468,410,893,152

24

答案见127页

答案见127页

已知这两个圆形有一个相似点，请问问号处应该填什么？

38 A到E中哪个选项和下图最相符？

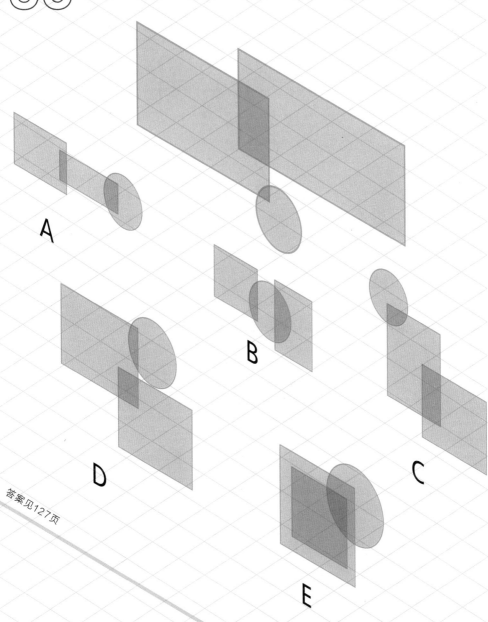

A

B

C

D

E

25

答案见127页

下图中哪个字母不属
于这个三角形？

答案见128页

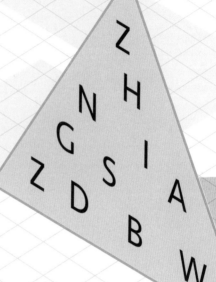

请问问号处应该填什么？

答案见128页

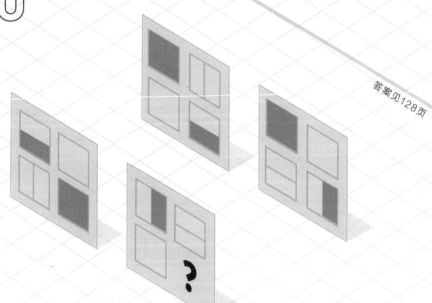

41

下表的图形是按照一定的模式排列的，
您能完成空白处的部分吗？

答案见128页

42

与其他几项不同的
是哪一项？

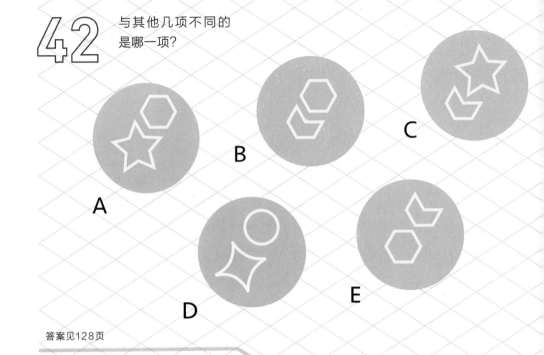

A

B

C

D

E

答案见128页

43

找到一个四位数，能将左边
每一个数整除。

6924

19618

271190

13848

3462

24234

☐☐☐☐

答案见128页

44

您能在下图中找出图片下方的36个数字吗？

1	5	1	2	3	1	2	0	4	5	7	3	7	9	5
9	5	2	4	0	9	9	0	6	9	7	0	2	2	7
1	7	1	2	8	0	2	2	2	4	2	7	1	3	3
9	7	8	5	0	4	5	3	0	4	4	6	7	4	9
4	6	0	0	8	9	9	5	5	5	7	6	3	1	8
8	6	6	7	6	2	6	1	6	1	6	5	2	5	8
5	1	9	8	3	8	1	5	5	8	3	5	1	5	4
3	3	8	0	4	2	1	7	4	4	8	1	1	4	2
5	3	0	9	7	5	5	3	0	7	7	5	0	3	8
3	5	5	0	2	5	5	0	0	8	4	0	9	0	1
1	9	5	1	6	8	5	7	1	3	9	7	3	8	5
1	4	5	9	6	5	3	0	4	7	5	3	0	9	0
6	7	4	3	2	4	4	1	1	4	3	7	1	3	
2	3	1	8	6	2	2	4	0	1	7	2	7	6	7
3	1	1	9	7	1	6	9	8	5	1	6	7	2	8

256	16728	280222	37495331
433	26113	975530	40172767
676	28150	980345	55508960
1758	45362	1143713	94764403
3349	63874	3186224	99069702
4423	68201	3574035	119716985
5577	110930	5184783	191948535
8379	148491	5576318	204573795
8495	158217	8005520	275125156

答案见128页

45

这些多米诺骨牌是按照一定的逻辑排列的，请问问号处应该填什么？

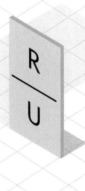

答案见128页

答案见128页

46

下图中共有多少个矩形？

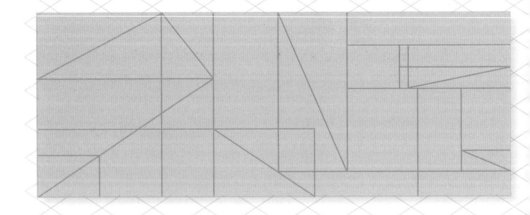

图A和图B是一对，那么图C和哪张图是一对？

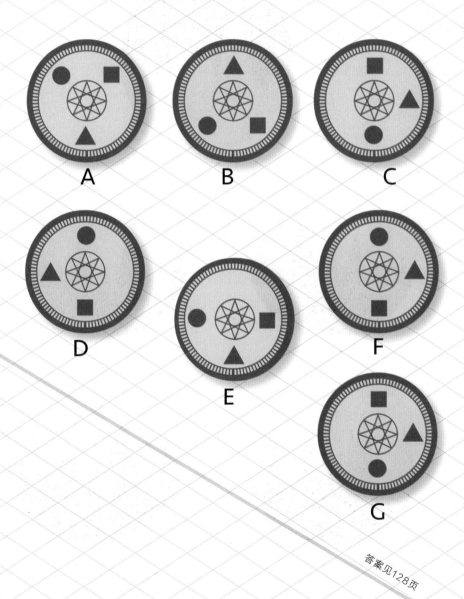

答案见128页

下列哪个选项可以和选项上的图形组成一个完整的黑色圆形?

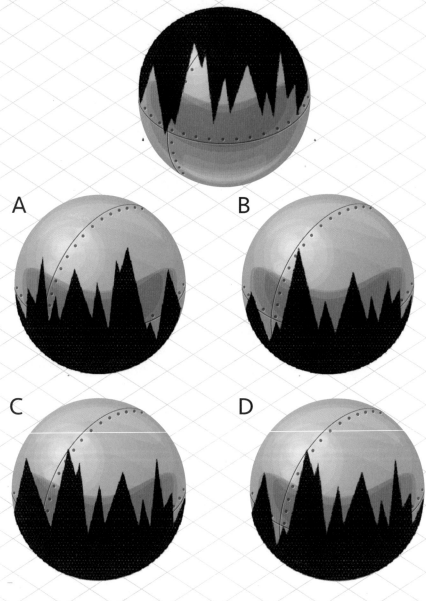

32

答案见128页

49

将下面这些数字正确地填写到图中，就会
得到两个数，并且这两个数是34762的
倍数。您能得到这两个数吗？

9

0
0
1
3
3
3
4
5
5
5
6
7

答案见128页

50

下列所有的名词属于
什么类别?

CRANNOG
GLACIS
CATHAIR
ABATIS
RATH

答案见128页

51

以下三组天平两边都保持平衡,
请问问号处应该有几个三角形才
能使天平两边保持平衡?

答案见128页

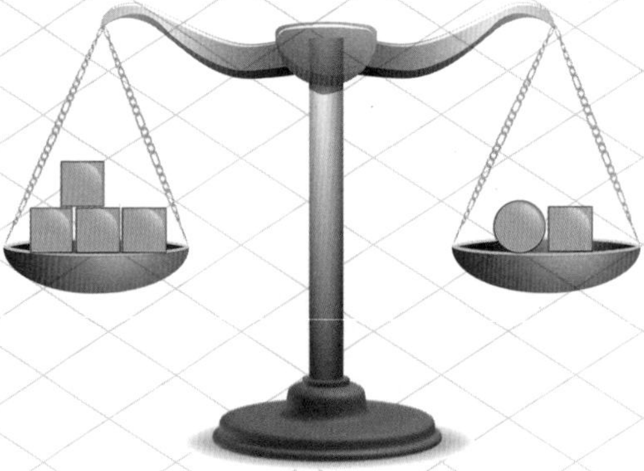

下列单词的字母顺序被打乱了。请问哪个单词不是以前或者现在使用的货币?

IRON HIDE   OAK RUN

HARD CAM   PINGS HIP

DIG RULE   ROT MASK

答案见128页

答案见128页

圆中的图形按照一定的顺序排列,外面圆圈里的图形在下列情况下会转移到里面的圆圈里:如果这个图形出现一次或者三次,那么它一定会转移到里面的圆圈里。如果它出现了两次,圆中其他的图形不会转移的话,它就会转移。如果它出现了四次,它不会转移。
请问中间圆形里的图形是什么?

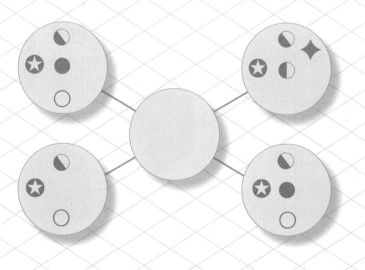

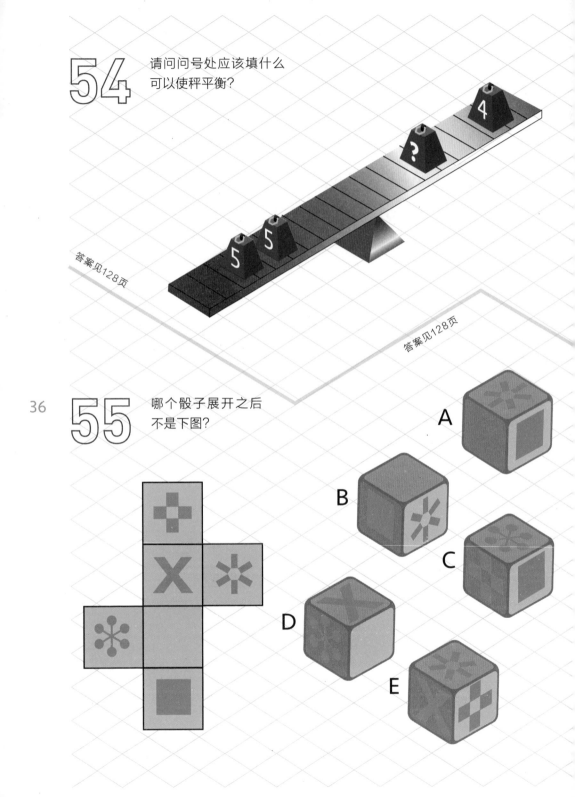

54

请问问号处应该填什么
可以使秤平衡？

答案见128页

答案见128页

36

55

哪个骰子展开之后
不是下图？

A

B

C

D

E

56

下面的数字是一个连续的特定数列，但是顺序被打乱了。请问这个数列是什么？

1220703125
152587890625
1953125
244140625
30517578125
390625
48828125
6103515625
762939453125
9765625

答案见128页

答案见128页

57

找到一个三位数可以被左边所有的数整除。

35767

3044

362236

14459

6849

120238

58

这些圆环按照一定的逻辑排列。请问问号处应该填什么？

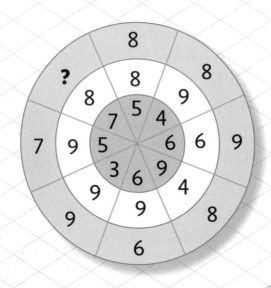

答案见128页

答案见128页

59

要从十二个人中选七个人组成一个社团。请问有几种不同的方法？

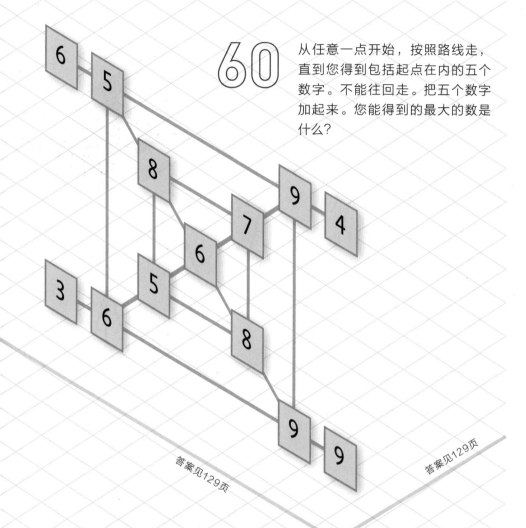

60 从任意一点开始，按照路线走，直到您得到包括起点在内的五个数字。不能往回走。把五个数字加起来。您能得到的最大的数是什么？

答案见129页

答案见129页

61 字母G向右两个字母后，再向左四个字母，然后再向左一个字母；然后再向右四个字母，请问最后到达哪个字母？

A B C D E F G H I J K L

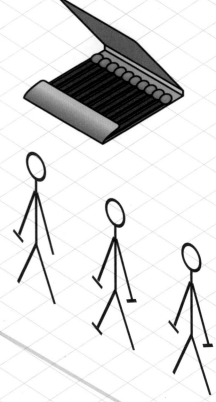

62 按照下列顺序，下一个火柴人应该是什么样的？

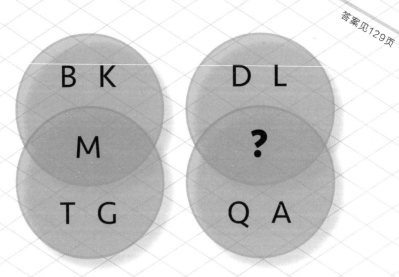

答案见129页

63 下面这些圆形是按照一定的逻辑排列的，请问问号处应该填什么？

答案见129页

B K

M

T G

D L

?

Q A

下列哪个圆形中的数字不能重新组成
一个能被349整除的七位数？

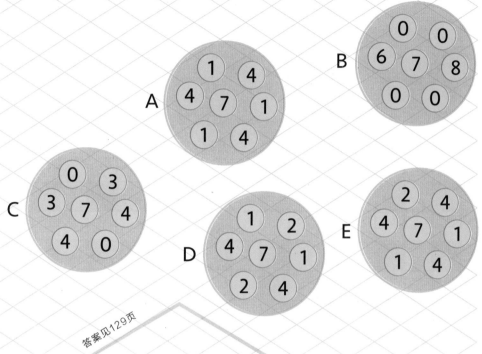

答案见129页

答案见129页

按照下列顺序，请问
问号处应该填什么？

答案见129页

66

在下图中，字母被随意排列的数字一一取代。您能正确填完下表吗？填写完成后，每组字母可组成一个英语单词。

	13		16		7		13		17		7		15	
13	15	12	17	22	17		15	12	20	19	18	19	25	19
	1		18		18		1		21		24		21	
10	9	18	12	13	12	5	9		18	24	4	24	1	25
	2		8		8		24		19				12	
21	12	26	3	24	17		14	12	23	23	19	1	16	26
	8		24				15		9		18			
19	26	5	17	13	12	5		12	8	26	10	17	5	13
			8		20		12				17		15	
10	18	19	13	25	10	24	26		8	19	8	5	17	26
	17				9		9		19		26		17	
18	19	16	12	17	26		18	19	22	19	13	9	1	25
	14		8		13		19		19		9		12	
7	24	1	13	15	17	26	13		6	9	5	11	17	25
	17		9		1		17		9		11		1	

1	2	3	4	5	6	7	8	9	10	11	12	13
14	15	16 D	17	18	19	20	21	22	23 Z	24 U	25	26

67

已知下列五个等式。
求x的值。

1. $(4x + 2y) \div (a + b) = c$
2. $x^2 + a^2 = c^2 - 2y^2$
3. $3bx = 9y^2$
4. $a + c + 2y = 2b + x$
5. $2x + c = bx + a$

答案见129页

68

如果立方体每一面的数字正确排列，就会得到一个八位数，这个八位数是6703和另一个四位素数的乘积。请问这些八位数是什么？

答案见129页

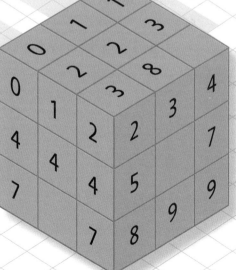

69

一个供应商出售狗食饼干的包装箱，规格为16、17、23、24、39和40磅，并且不会拆分出售。请问您要如何订购100磅饼干用的箱子？

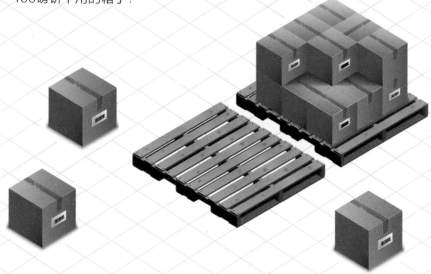

 答案见129页

70

下列数字都是什么类型的数字？

答案见129页

333336

500500

10011

66066

198765

根据这些图形的逻辑，请问问号处
应该填什么？

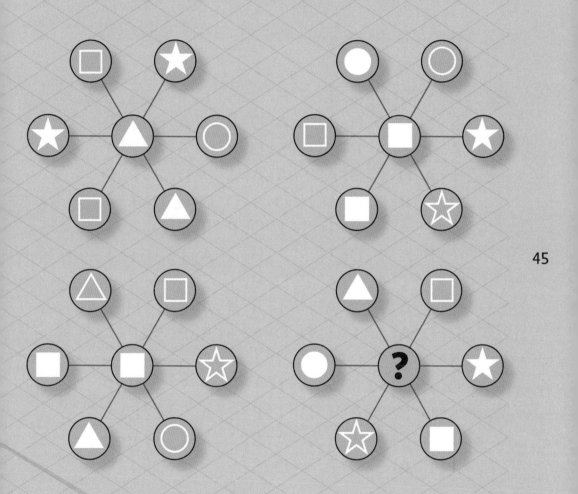

答案见129页

下图中的确有一个单词APHIDS，可能是横的、竖的、斜向上的或者斜向下的。您能找出来吗？

答案见129页

46

```
H S S P S I S H H S I I A S S
S S D D H I I A D P A A D S D
A I I A P D H S D A I A A P I
I A H P H A I A A A P D P P D
P D P H H I H D S D D H D I A
A P A S P I S I D P P D D A I
I P A I D I I A H I A I S I I
P I I I I A P D P I S H H P S
H A A P D A H I A A A P I H P
H D A S I I D D A I A P S P A
S A S S D A A S I S S S I H H
D A I P P S H I I S H S D S P
S D S D A I D I P D A S I D S
I A S A I I A A S I A I H P D
I P A S D P I D S S S P D I H
```

73

下图按照一定逻辑设计而成。请问问号处应该填什么？

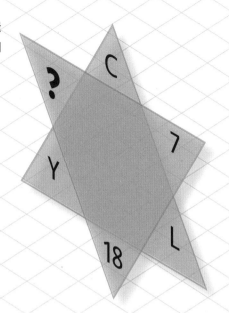

答案见129页

答案见129页

74

依次从每个灯泡中取出一个字母，分别组成五个城市名。请问这些城市名是什么？

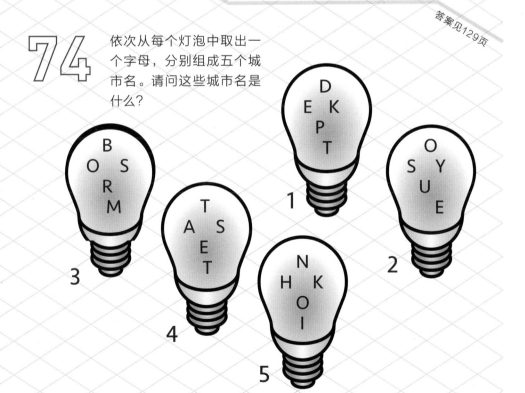

75

按照图表的顺序，请问问号
处应该填什么？

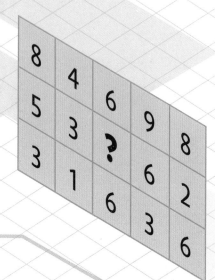

答案见129页

答案见129页

48

76

这些三角形按照一定的
逻辑排列，请问问号处
应该填什么？

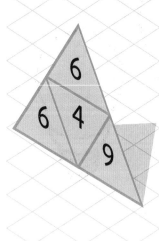

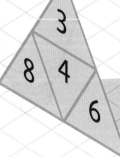

这个图形按照一定逻辑排列，请问问号处应该填什么数字？

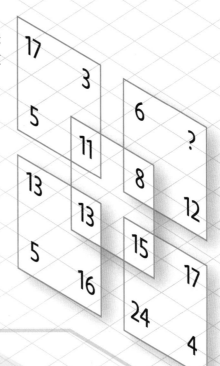

答案见129页

您能填完下面的数列，使得每个数列都包含1到9，每个数字只出现一次，且五个数列均为平方数吗？

答案见130页

	5	8	3	6	
	1	7	9	5	
	5	9	7	8	
	3	9	2	4	
	2	5	7	8	

79

图中的数字，从最高点开始，按照顺时针方向，是一个去掉了所有数学运算符号的有效等式。请重新添加运算符号加、减、乘、除，严格计算每个符号添加之后的运算值，使等式成立。

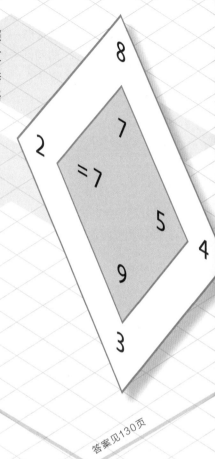

答案见130页

50

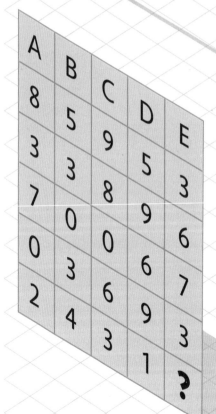

答案见130页

80

图中数字按照一定的逻辑顺序排列，请问问号处应该填什么数字？

图中的图形按照一定的逻辑顺序排列
而成，请问问号处应该是什么？

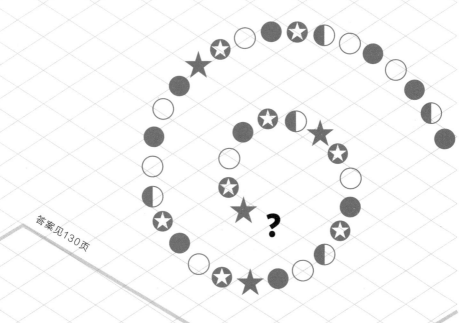

答案见130页

51

答案见130页

这七个数中的六个数
有逻辑联系，请问与
其他六个数不同的是
哪一个数？

67

43

43

31

35

59

37

83

按照逻辑，第二个圆形中的哪一个字母应该替换第一个圆形中的哪一个字母？

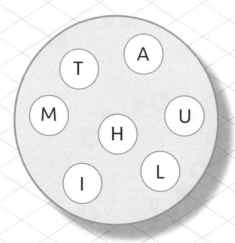
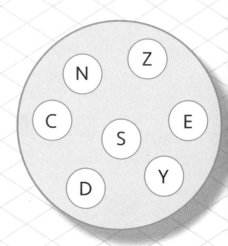

答案见130页

84

下表按照一定的逻辑排列而成，请问问号处应该填什么数字？

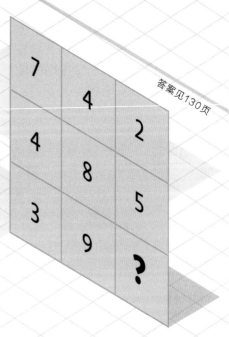

答案见130页

85 这些混乱的数列里少了几个数，
请问这几个数有什么共同点？

54 44 33 34 52 38

39 30 51 36 42 49

40 32 48 35 45 50 46

答案见130页

答案见130页

86 接着其他三个时钟的
顺序，第四个时钟的
时间应该是什么？

A

B

C

D

87

下面五个图形中的四个
图形可以组成一个完整
的几何图形，请问剩下
的那个图形是什么？

答案见130页

54

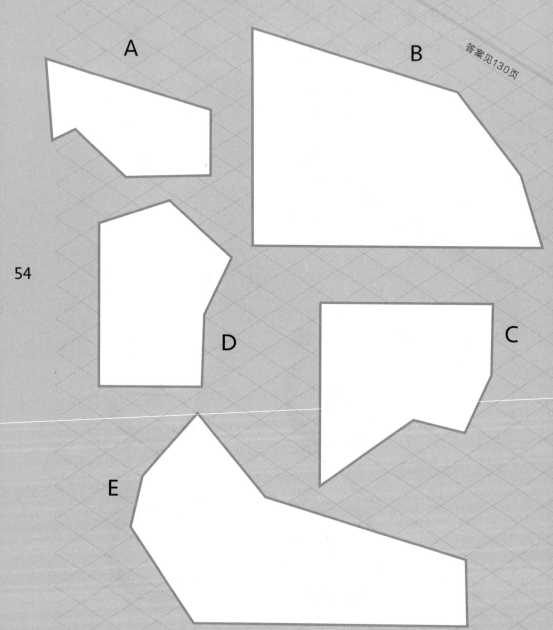

您能发现图中字母的逻辑，并且用正确的字母取代问号吗？

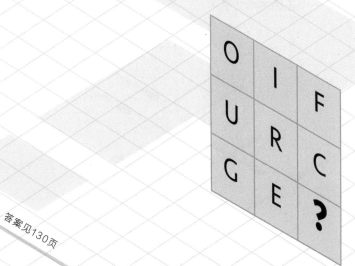

答案见130页

答案见130页

您可以从一个圆圈走到另一个圆圈，但是不能往回走。您能找到一个数字，末两位数是平方数，并且包含图中每个数字吗？

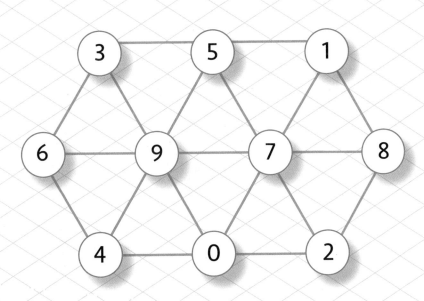

下图用火柴表示的等式是正确的。您能只移动其中两根火柴来表示另一个正确的等式吗？

答案见130页

91 下图按照一定的逻辑顺序排列，请问问号处应该填什么字母？

答案见130页

这些圆形按照一定的逻辑顺序排列，请问问号处应该填什么数字？

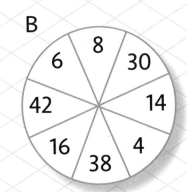

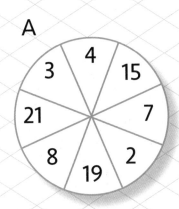

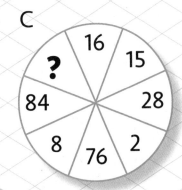

答案见130页

答案见130页

下列等式的所有数学运算符号都被去掉了，您能重新使其成立吗？

23 ◯ 8 ◯ 1 ◯ 10 ◯ 5 ◯ 8 ◯ 2 ◯ 1

哪两面包含了相同的
罗马数字?

答案见130页

58

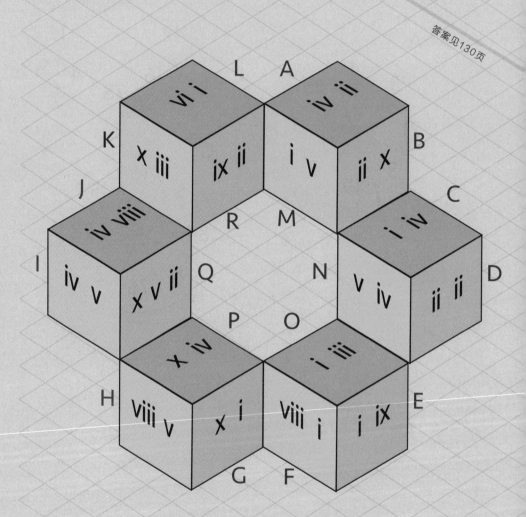

95

请问问号处应该填
什么数字?

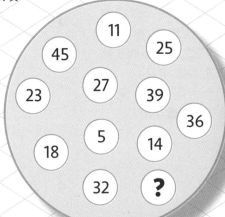

答案见130页

答案见130页

59

96

这些多米诺骨牌按照一定的模式
排列,请问问号处应该填什么?

97

每次乘以或者除以一个一位整数，保证每次的结果都在零到9999之间。您能从最上面的数字开始，用三个中间步骤，得到最下面的数字吗？

1	0	2	4
2	6	8	8

答案见130页

答案见130页

60

98

在下图中，一共有几个圆形？

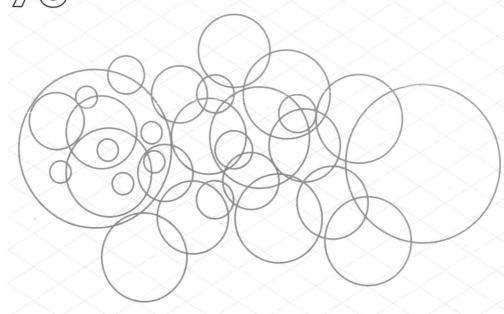

答案见130页

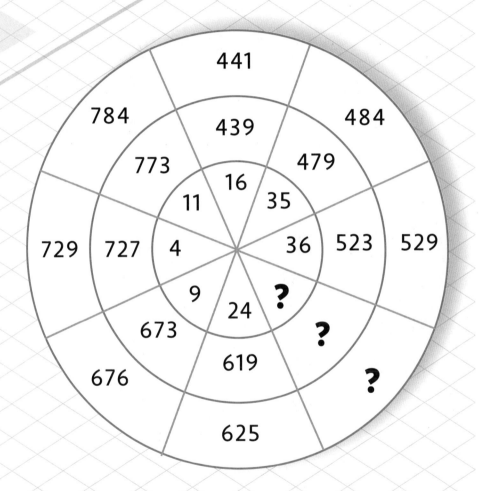

 上图中的问号处应该填什么?

图中的方格都已经按照一定的逻辑顺序填好，但是落下了一个方格没填。应该填在哪里呢？

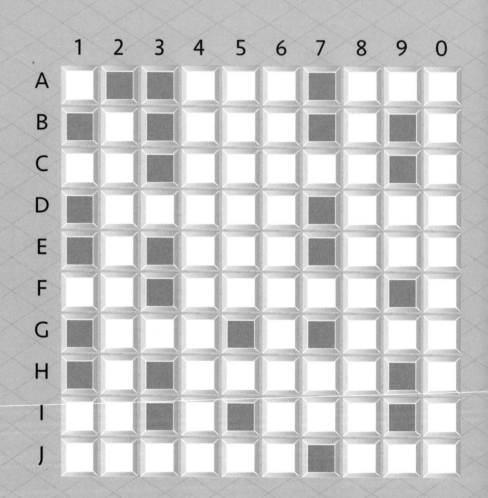

62

答案见131页

101

下面的数字是一个连续的特定的数列，但是顺序打乱了。请问这个数列是什么数列？

1 2 1 3 9 3
1 3 4 6 2 6 9
1 9 6 4 1 8
2 1 7 8 3 0 9
3 1 7 8 1 1
3 5 2 4 5 7 8
4 6 3 6 8
5 1 4 2 2 9
7 5 0 2 5
8 3 2 0 4 0

答案见131页

答案见131页

102

下图用火柴表示的罗马数字等式是错误的，您能只移动一根火柴形成一个正确的等式吗？

答案见131页

2L 3DR 3D 1DR 4DL 6D
1UL 4D 1DL 2L 1R 4D 4DL
5R 2UR 4DR 3L 3D 6L
3U 1D 1U F 1D 2U
2U 1DL 4R 1R 1U 2UL 5L
1D 2UR 2UL 3U 4U 1UR 3U
4R 2U 5U 2U 2L 1R 3L
2L 2U 3L

64

103

图中的每个格子告诉您，到下一个格子必须如何移动。左，右，上和下。3R就是向右移动三个格子，4UL就是向左上方移动四个格子。您的任务就是每个格子要走过一遍，并且每个格子都只能走一遍，最终到达F。您能找出起点吗？

104

这些圆形按照一定的逻辑排列，请问问号处应该填什么？

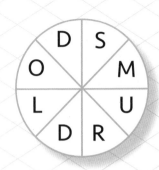

答案见131页

答案见131页

105

这些多米诺骨牌是按照一定的逻辑排列的，那么问号处应该填什么？

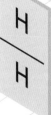

$$\frac{H}{H}$$

$$\frac{L}{B}$$

$$\frac{B}{C}$$

$$\frac{N}{O}$$

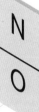

$$\frac{F}{?}$$

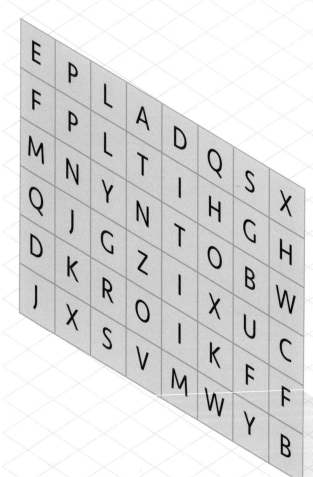

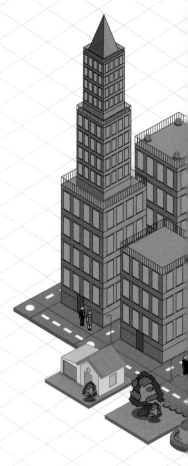

106 去掉所有出现超过一次的字母，然后将剩下的字母重组（字母可重复使用），组成一个城市名。请问这个城市名是什么？

66

答案见131页

107

在下面的纵横图中，每一行，每一列以及每根对角线上的五个数字相加都为115。图中每个空缺的格子都要填满，并且只能用五组数字。您能填完吗？

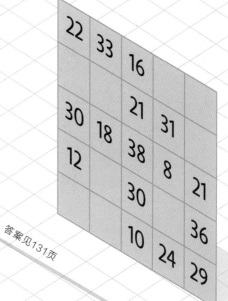

答案见131页

答案见131页

108

下图按照一定逻辑设计而成。请问问号处应该填什么？

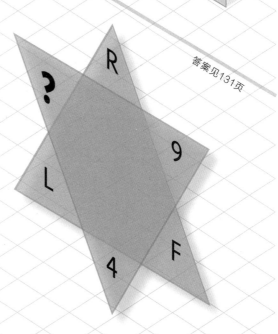

这些混乱的数列里少了几个数，
请问这几个数有什么共同点？

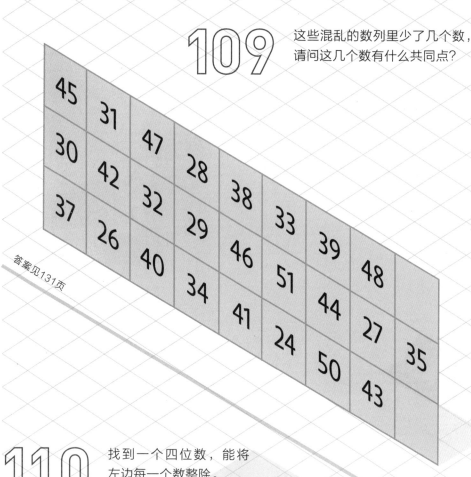

45 31 47 28 38 33 39 48
30 42 32 29 46 51 44 27 35
37 26 40 34 41 24 50 43

答案见131页

68

找到一个四位数，能将
左边每一个数整除。

答案见131页

54179
172098
6374
82862
270895
73301

111

下图按照一定的逻辑顺序排列，
请问问号处应该填什么？

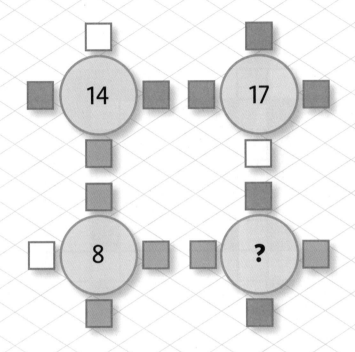

答案见131页

答案见131页

112

您手上有一枚硬币，抛出正面和
背面的概率不相等，如何才能得
出没有偏差的结果？

您能用提供的数字正确地
填完下表吗?

答案见131页

70

三位数		四位数	七位数	九位数
183	483	3327	1277149	168357562
212	534	6433		233571289
256	584	8021	八位数	391368944
301	598		84332386	596682946
342	619	六位数	89239583	860352417
374	660	266447		974132425
376	876	749394		
409	933			
420	972			

114

下图数字按照一定顺序排列，但是其中有些数字打乱了。当插入正确的数字后，就会显示不同的数列。请问这个数列是什么？

6	3	8	0	1	2	5	0	3
1	4	3	6	3	8	2	5	2
5	1	4	1	4	3	6	3	5
0	1	0	5	0	3	1	4	3
6	3	5	0	1	2	5	0	4
1	4	3	6	3	8	0	1	0
5	0	4	1	4	0	6	3	1
0	1	0	5	0	3	0	6	0
6	3	1	0	1	2	5	0	6
1	4	3	6	3	8	0	1	0
5	0	4	1	4	0	6	3	1
0	1	0	5	0	3	1	4	3
6	0	1	0	1	2	4	5	3
1	4	0	6	3	8	0	1	2

答案见131页

115

两颗卫星围绕一颗行星运行。其中一颗卫星运行一圈需要十六天，另一颗卫星运行一圈需要九天。如果此刻两颗卫星正好完美相遇，并且运行较快的卫星正好运行到行星和另一颗运行较慢的卫星之间，那么这三个星体再次向同一方向运行是什么时候？

答案见131页

72

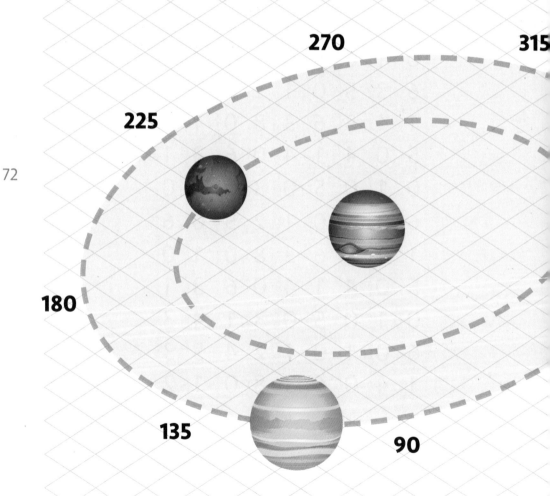

270

315

225

180

135

90

116

骰子中的字母正确重组的话，是一部小说及其作者名。请问是什么？

答案见131页

答案见132页

0

5

117

这些三角形按照一定的逻辑排列，请问问号处应该填什么？

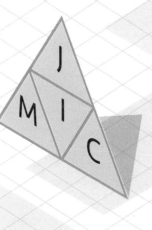

118

您能填完下面的数列，使得每个数列都包含1到9，每个数字只出现一次，且每个数列均为平方数吗？

	2	9	3	8	
	4	1	9	3	
	2	1	7	5	
	1	3	4	7	
	3	2	9	8	

答案见132页

119

请问问号处应该填什么？

答案见132页

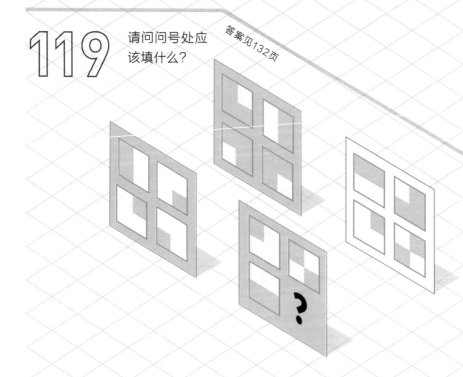

120 以下天平两边都平衡，请问问号处需要几个方块才能使该天平两边平衡？

答案见132页

答案见132页

121

在下图中，数字代表字母。您能正确地填完下表吗？填写完成后，每组字母可组成一个英语单词。

76

	10	16	13	13	12	18	17	4	7	12	12	20	
2		21		23		23		2		22		2		25
26	12	12	11	20	12	17		13	23	1	20	12	23	9
13		18		20		7		6		12		23		2
12	26	5	16	19			6	7	12	18	9	1	2	6
18		16		22		23		6				12		8
20	23	19		23	11	12	18	17		12	11	2	13
16				26		5		23		17				12
6	7	23	18		24	9	20	3	17	13	18	12	23	22
9		21			17		13		12		20		10
13	12	23	22	22	23	13	12			18	23	2	17	12
16		18		16		22		3		20		15		18
18	7	2	14	16	22	12		16	15	2	11	2	17	12
19		6		11		26		16		26		18		11
	12	24	19	10	13	16	20	16	24	2	17	13	

1	2	3	4	5	6	7	8	9	10	11	12 E	13
14	15	16	17	18 R	19	20	21	22	23	24	25	26 N

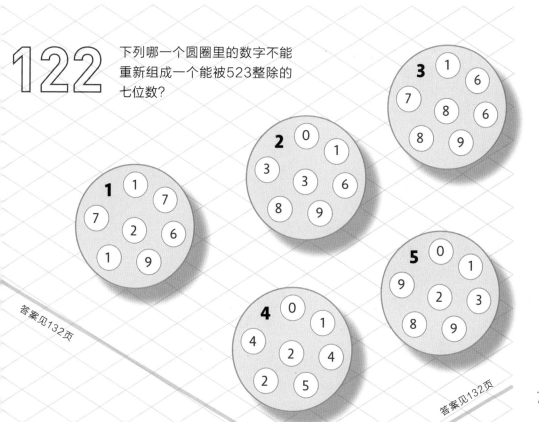

122 下列哪一个圆圈里的数字不能重新组成一个能被523整除的七位数?

答案见132页

答案见132页

123 下列等式的所有数学运算符号都被去掉了,您能重新使其成立吗?

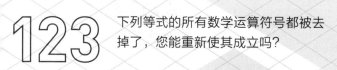

13 ◯ 5 ◯ 6 ◯ 4 ◯ 16 ◯ 6 ◯ 2 ◯ 8 ◯ 4

这些三角形中的数字按照一定的逻辑
排列，请问问号处应该填什么？

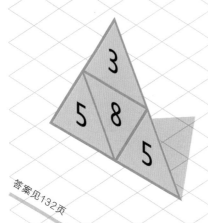

答案见132页

答案见132页

问号处应该填什么
可以使天平平衡？

126

将这些数字正确填写到图中，就会得到两
个数，并且这两个数是84337的倍数。您
能得到这两个数吗？

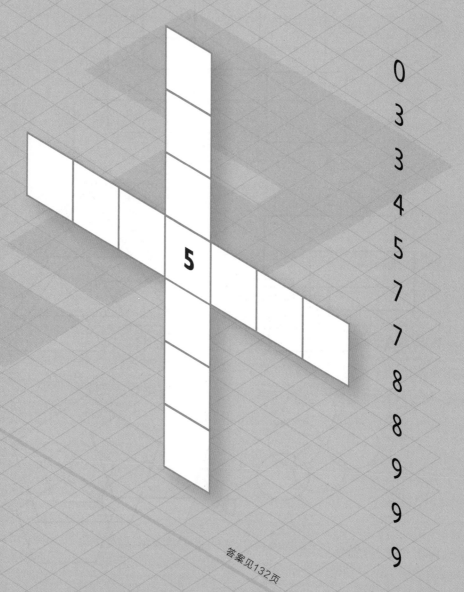

0
3
3
4
5
7
7
8
8
9
9

答案见132页

127

A、B、C、D四个选项哪个和
最上面的图形最相符?

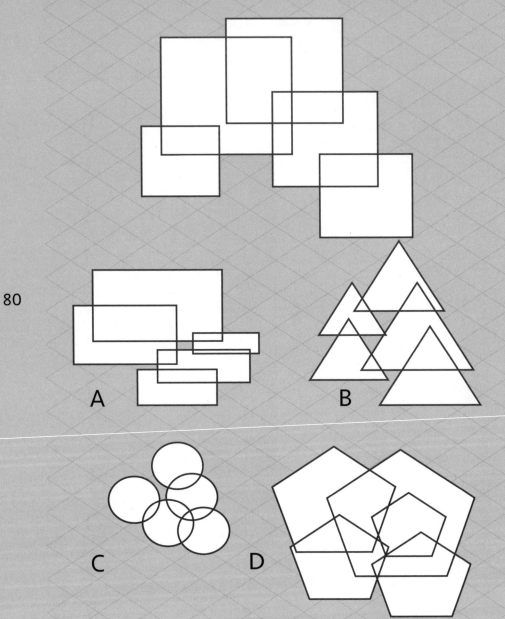

80

128

A到E哪个选项可以和最上面的图形组成
一个完整的黑色八角形？

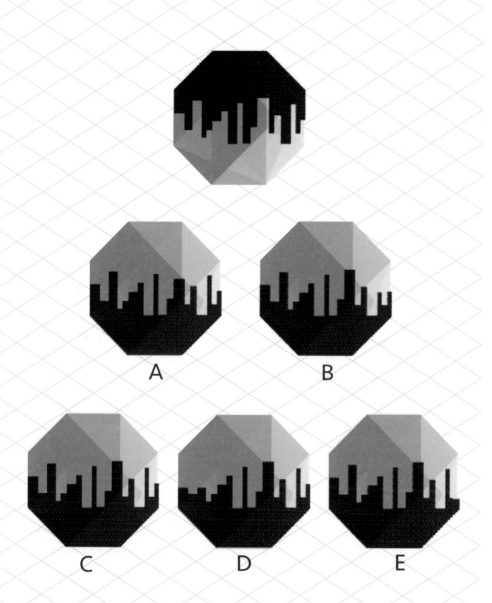

A   B

C   D   E

答案见132页

129

下列数字对应的字母是一些画作的
名字，您能破解吗？

1	2	3	4	5	6	7	8	9
a	b	c	d	e	f	g	h	i
j	k	l	m	n	o	p	q	r
s	t	u	v	w	x	y	z	

7	9	3	1	5	7	7	5	9	1	9	3	9	4	2	6	3	4	6	9	2	8	5	9	6	9	9	5
4	1	6	9	2	5	3	2	4	1	5	5	9	1	3	2	6	9	1	9	2	9	9	7	2	7	3	8
6	9	9	2	1	9	4	1	5	9	4	5	5	9	2	5	9	7	8	5	9	1	3	5	4	1	7	
6	9	1	5	3	9	1	3	6	9	7	6	7	1	9	3	1	9	5	9	4	1	3	9	1	3	5	5	5
4	9	5	3	5	5	2	9	4	1	5	9	7	6	7	8	9	1	5	3	6	7	6	9	2	9	1	9	2

答案见132页

答案见132页

130

按照图中的逻辑顺序，
请问问号处应该填什么
数字？

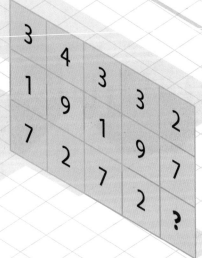

131

接着其他四个时钟的顺序，第五个时钟的时间应该是什么？

答案见132页

答案见132页

132

下图共有多少个矩形？

133

圆中的图形按照一定的顺序排列，外面圆圈里的图形在下列情况下会转移到里面的圆圈里：如果这个图形出现一次或者三次，那么它一定会转移到里面的圆圈里。如果它出现了两次，圆中其他的图形不会转移的话，它就会转移。如果它出现了四次，它不会转移。

请问中间圆形里的图形是什么？

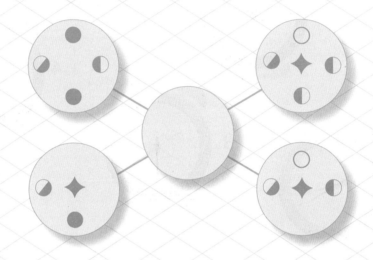

84

答案见133页

答案见133页

134

从一角的字母开始沿螺旋形行至最后一角的字母，就会组成一个九个字母的单词。您能填出缺少的那两个字母吗？

135

下面的数字组合代表生物名称，这些生物名称的英语字母被转化成了数字，现在需要在电话拨号盘上破解这些数字，您能做到吗？

答案见133页

262 266 32

424 7

324 436 2

783 892 5

268 328 37

136

下面五个图形中的其中四个图形可以组成一个完整的几何图形，请问剩下的那个图形是什么？

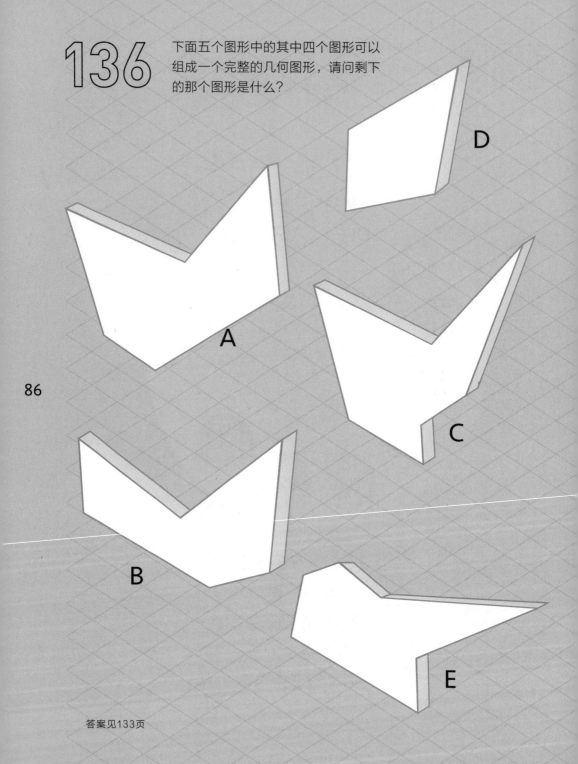

答案见133页

137 图中的数字按照一定的逻辑顺序组成，请问问号处应该填什么数字？

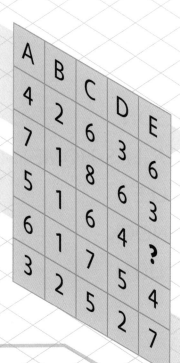

A	B	C	D	E
4	2	6	3	6
7	1	8	6	3
5	1	6	4	?
6	1	7	5	4
3	2	5	2	7

答案见133页

138 下面的图形按照一定的顺序设计而成，请问问号处应该是什么图形？

答案见133页

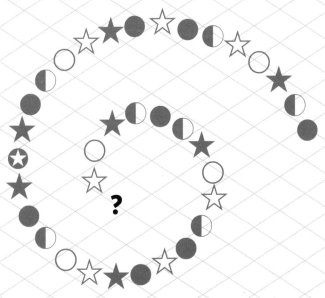

139

与其他几项不同的是哪一项？

A: WILSON

B: DOUGLAS-HOME

C: ATTLEE

D: KINNOCK

E: ASQUITH

F: BALFOUR

G: MACDONALD

答案见133页

140

请问问号处应该填什么数字？

答案见133页

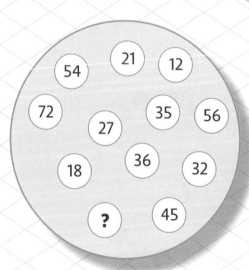

54 21 12

72 35 56

27

18 36 32

? 45

141

下面所列的数字是一个连续序列的几个数字，但是右边的数字是打乱的。请问该序列是什么序列？

1 3 3 3 4 4 4	5 5 6 7 7 7 7
1 3 3 3 4 5	5 5 7 7 8
1 3 4 4 4	6 6 6 6 7 7
1 3 4 5	6 6 7 7
1 4 5	6 6 8
1 6	7 7

答案见133页

答案见133页

142

和其他正整数相比，8549176320有什么特别之处？

答案见133页

143

下列哪个数字不是
9342615182168583204 5
的变位数?

a. 12429311460825685538

b. 26484235258110396851

c. 35911246838860214552

d. 08926155228814465132

e. 89836550418215132426

f. 82563135415849680212

g. 35622882145386150941

h. 82563293615240158148

i. 56065134815221432988

144

下面每个图中都缺少了哪个字母?

145

下图的字母按照一定的逻辑顺序排列。请问问号处应该填什么字母?

146

按照逻辑，下图中第二个圆形的哪个字母不属于这个圆?

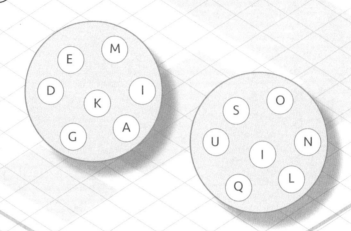

答案见133页

147

哪一个骰子展开之后不是下图?

答案见133页

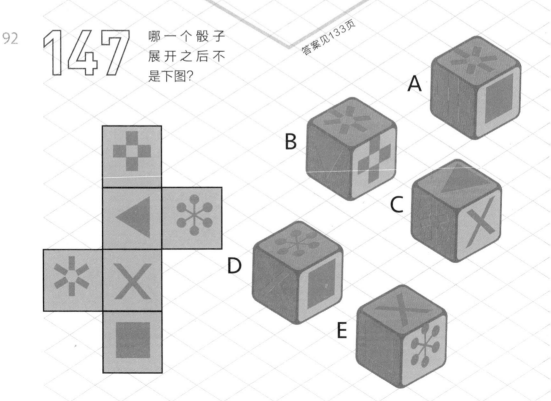

148

下图是5×5的数字表格，当它正确重组之后，每个相同的行列都是相同的五个数字。您能重组吗？

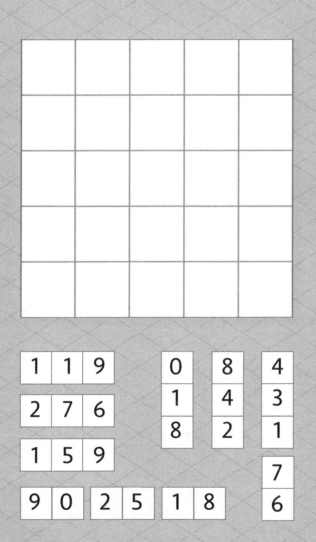

1	1	9
2	7	6

0	8	4
1	4	3
8	2	1

| 1 | 5 | 9 |

7
6

9	0	2	5	1	8

答案见133页

149

图中的方格都已经按照一定的逻辑填好，但是落下了一个方格没填。它应该填在哪里呢？

94

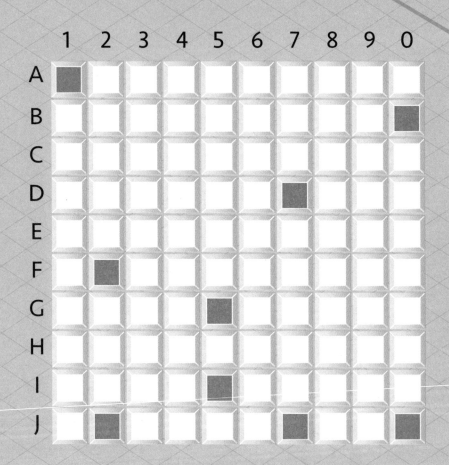

答案见133页

150

正确填写下列表格，生成六个不同的数字，使得每个数字都可以跟在893之后组成一个六位数，并且这个六位数可以被149整除。

答案见133页

8	9	3

151

K的值是多少？

答案见133页

$$K + K + N = 42$$

$$L + M + N = 34$$

$$K + M + N = 29$$

$$L + N + L = 52$$

152

如果Amanada（阿曼达）支持Tigers（老虎队），Bridgest（布里杰斯特）支持Rhinos（犀牛队），Taylor（泰勒）支持Elks（麋鹿队），那么Annie（安妮）支持哪支队伍？

a. The Leopards（猎豹队）

b. The Bulldogs（斗牛犬队）

c. The Human Beings（人类队）

d. The Moose（驼鹿队）

e. The Antelopes（羚羊队）

答案见133页

答案见133页

153

图中每个图案都代表一定的值，请问问号处应该填什么？

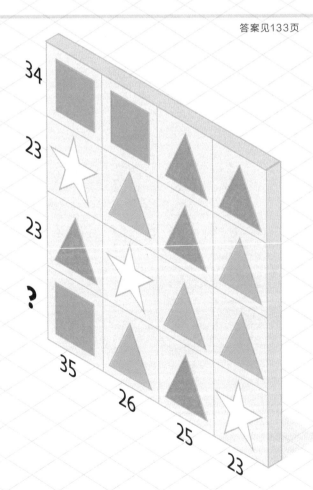

154

图中的数字，从最高点开始，按照顺时针方向，是一个去掉了所有数学运算符号的有效等式。请重新添加运算符号加、减、乘、除，认真计算每个符号添加之后的运算值，使等式成立。

9

23

= 8

5

2

7

8

18

答案见134页

97

155

图中的圆形按照一定的逻辑顺序排列，请问问号处应该填什么？

答案见134页

156

在这个3×3的图表中，有一个图案是错的。请问是哪一个？

答案见134页

答案见134页

98

157

字母E先向右两个字母，再向左三个字母，然后向左两个字母，再向右一个字母，再向右四个字母，最后向右一个字母。请问最后到达哪个字母？

158

用下图中除数最多的数
减去最大的梅森素数，
请问答案是什么？

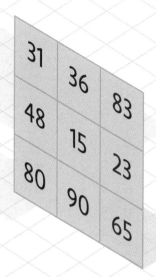

31	36	
		83
48	15	
		23
80	90	
		65

答案见134页

答案见134页

159

您需要给十只猫狗喂饼干，一共有56
块饼干。一条狗需要喂六块饼干，一
只猫需要喂五块饼干。在您喂完之后
还剩下一块饼干。请问一共有几只
猫，几条狗？

您能在下图中找到图下所列的
36个数字吗?

```
9 7 4 9 5 6 7 0 1 3 6 9 8 1 6
0 7 1 1 2 9 0 0 0 8 4 6 9 3 2
9 8 2 1 4 3 7 6 0 9 9 2 7 3 9
6 9 4 5 0 5 5 7 2 0 2 2 7 5 7
0 3 1 9 5 9 8 6 9 4 7 8 9 1 3
4 3 1 6 2 5 3 2 2 1 9 2 4 3 3
6 9 8 0 9 6 9 2 0 4 8 4 2 7 7
6 1 1 8 9 8 4 5 9 0 5 0 0 1 8
9 6 5 1 5 7 8 9 7 1 2 8 3 4 7
0 8 7 3 7 5 0 7 8 4 2 1 6 0 0
8 1 9 3 1 8 2 6 0 7 8 6 6 3 9
9 5 1 5 4 1 4 8 6 8 0 8 0 9 1
6 6 7 1 9 1 6 6 4 8 5 1 8 9 2 3
3 1 5 1 1 6 9 3 2 3 7 9 2 3 8
5 1 9 3 5 5 2 5 6 0 0 4 6 0 0
```

270	11513	525600	29122352
277	37926	789462	66406909
422	40392	968959	79420366
1377	68414	2143760	87091380
2048	69809	4660525	112900084
2258	75505	4802469	124118157
4898	180788	5193552	622824081
5962	351371	9853956	749567013
9927	488930	15148099	861933987

答案见134页

161

与其他几项不同的是哪一项？

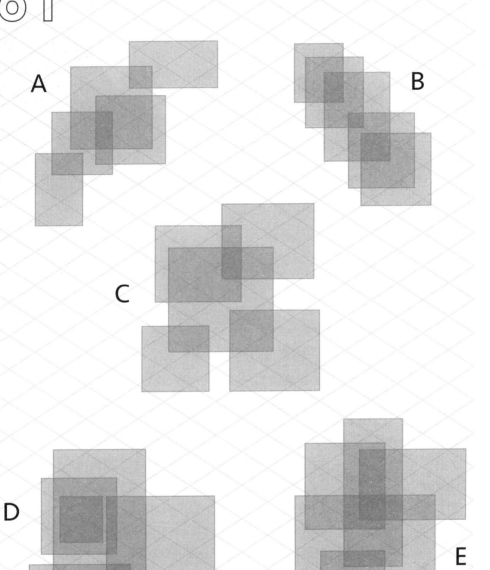

答案见134页

162

下面的单词都表示山，您能正确写出来吗？

**CLONE TUMMY INK
OMAN JAIL IRK
AEROBIC ZIP ADO
TOP PEACE PLOT
DUB MACHINE**

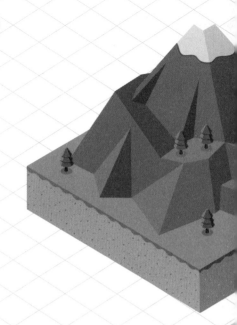

答案见134页

答案见134页

163

每次乘以或者除以一个一位数的整数，保证每次的结果都在零到9999之间。您能从最上面的数字开始，用三个中间步骤，得到最下面的数字吗？

1	3	4	4
1	9	6	0

164

您能告诉我，在这个数列中，接下来应该填什么数字吗？

答案见134页

答案见134页

103

165

您可以从一个圆圈走到另一个圆圈，但是不能往回走。您能找到一个十位数的平方数，包含图中每个数字吗？

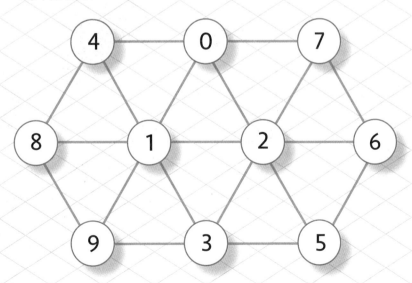

166

图中的每对圆形遵循一定的逻辑，请问问号处应该填什么字母？

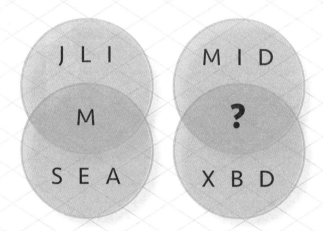

J L I

M I D

M

?

S E A

X B D

答案见134页

答案见134页

167

这些行李箱上都写有目的地，其中与其他几项不同的是哪一项？

科孚岛

澳大利亚

加里曼丹岛

多德卡尼斯群岛

厄尔巴岛

168

图中哪三面包含相同的
罗马数字?

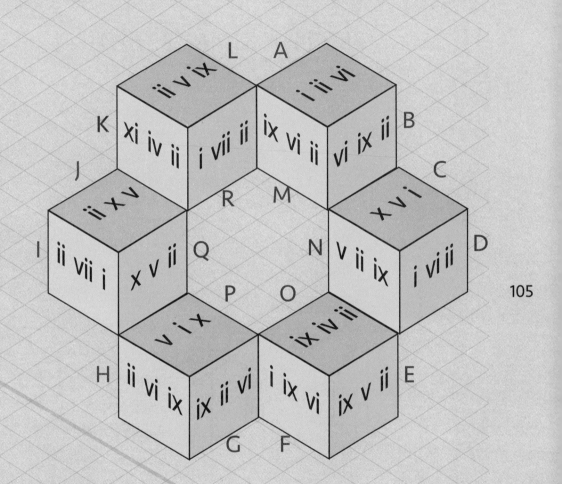

答案见134页

169

这七个数字中的六个数字是逻辑相关的，与其他六个数不同的是哪一个？

28　14　55　46　82　64　41

答案见134页

答案见134页

170

从任意一点开始，按照路线走，直到您得到包括起点在内的五个数字。不能往回走。把五个数字加起来。您能得到的最大的值是多少？

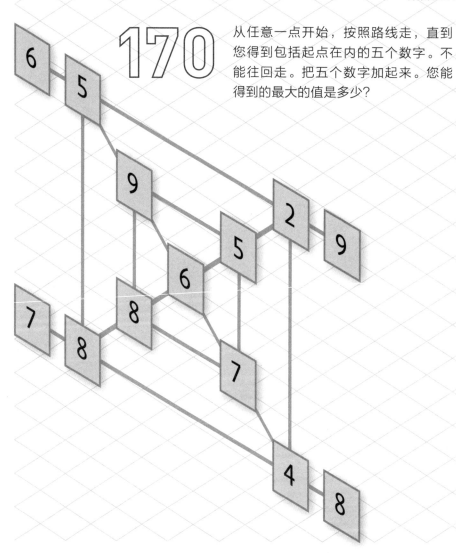

171

这些圆环按照一定的逻辑排列。请问问号处应该填什么？

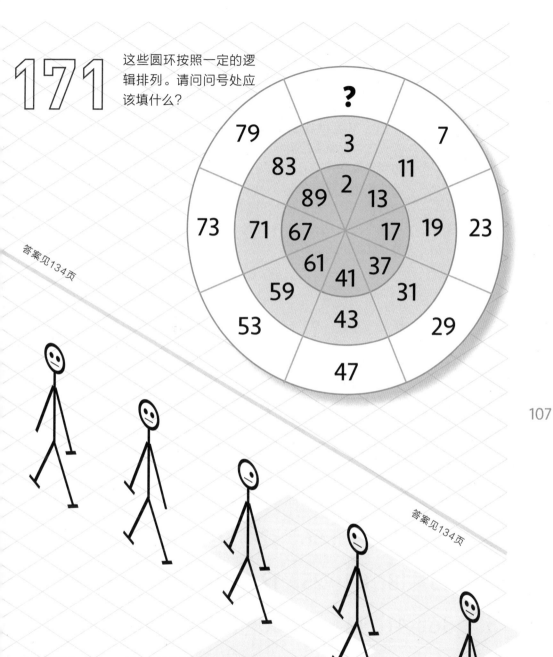

答案见134页

答案见134页

172

按照下列顺序，下一个火柴人会是什么样的？

173

您能在下图中找到这样一个方块吗？这个方块里的数字加上7得到的数字距离它三个方块，减去13得到的数字距离它四个方块，加上3得到的数字距离它五个方块，减去2得到的数字距离它三个方块。图中的所有直线都是正交直线。

答案见134页

108

	a	b	c	d	e	f	g	h	i
1	14	48	96	28	98	74	41	40	92
2	40	84	52	95	17	84	25	29	65
3	85	18	77	20	28	54	81	22	7
4	17	86	9	30	84	67	20	56	80
5	29	55	4	66	32	17	29	60	11
6	33	18	84	25	12	52	78	41	61
7	36	41	12	49	20	70	12	24	98
8	57	27	89	94	25	35	64	22	12
9	75	58	35	61	23	83	39	52	68

174

您能将下列十二个数字分成四组，每组有三个相关的数字吗？

44	121	421
100	144	440
101	211	441
111	222	444

答案见134页

答案见135页

175

下图按照一定的逻辑设计而成，请问问号处应该填什么数字？

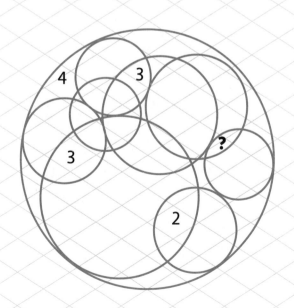

176

下列五个选项是五条著
名的湖泊，您能将它们
正确拼写出来吗？

PUSOIERR   EIER

HIGMCAN   RUNOH

TRINOOA

答案见135页

答案见135页

177

下图按照一定的逻辑顺
序排列而成，请问问号
处应该填什么数字？

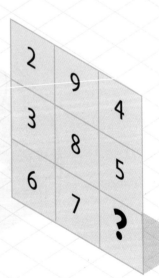

178

下图按照一定的逻辑排列而成，
请问问号处应该填什么？

答案见135页

18	A			
S			T	?
				O
T				
19	I			
			N	
		L	1	

答案见135页

179

这个表格中的数字和字母按照
一定的逻辑排列而成，请问问
号处应该填什么数字？

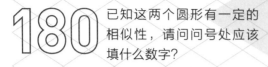

180

已知这两个圆形有一定的
相似性，请问问号处应该
填什么数字？

答案见135页

答案见135页

112

181

下图中共有多少个
圆形？

182

下列哪个单词不表示芝士？

FOR TORQUE
YOWLS MELD
BATCH MINER
MEMBER CAT
NEWLY-SEALED
RICE LED RESET

答案见135页

答案见135页

183

下图中有四个平方数，都是四位数，请问哪一对数没有用到？

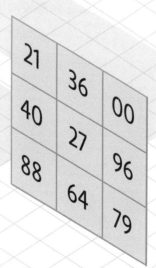

21	36	
40		00
	27	
88		96
	64	
		79

184

如果AB是一对，那么C与
哪个选项是一对？

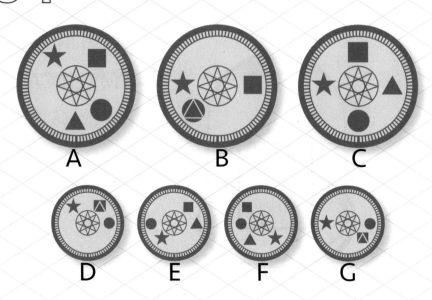

答案见135页

答案见135页

185

按照图中的逻辑，请问图中最
上面的三角形里应该包含什么
图形？

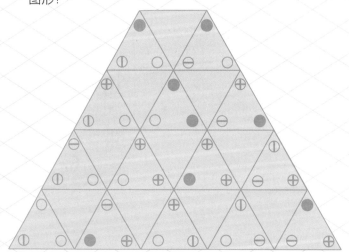

186

下列数字是按照一定顺序组成的一个数列，但是现在这些数字被打乱了。请问这是什么数列？

999999999989

9973

99999999977

99999989

99991

9999999967

9999999999971

999983

999999937

9999991

答案见135页

115

答案见135页

187

已知以下五个等式，请问x的值是多少？

1. $3x^2 - x = b(ca + 2yb)$

2. $4b \div 3 = c$

3. $a - x = c - by$

4. $(2x \div 3)c = 2a + 2y$

5. $x + y = ay$

下图中的确有一个单词
LUMINOUS，可能是横
向的、竖向的、斜上方或
者斜下方的。您能找出这
个单词吗？

答案见135页

116

O	S	N	S	I	O	M	S	S	I	O	N	I	U	I
L	U	S	U	M	U	N	U	S	U	L	U	U	O	N
M	U	N	O	I	S	N	U	M	L	U	S	L	N	S
S	O	I	S	U	O	O	L	U	N	S	L	S	O	I
I	U	U	L	M	U	L	U	M	I	U	L	S	U	N
L	M	S	U	M	N	M	N	U	S	I	S	M	I	O
S	N	U	I	N	I	I	S	I	M	L	O	M	U	S
I	M	I	U	I	U	L	O	U	L	I	L	M	O	N
I	N	O	O	S	U	O	N	I	M	U	L	S	N	N
M	U	O	N	U	L	O	O	U	U	U	O	L	M	U
O	N	U	S	I	U	L	O	M	S	M	S	N	I	L
L	U	M	U	U	I	S	M	L	I	U	N	M	O	L
L	O	U	M	M	I	S	I	U	N	U	S	S	S	I
I	L	N	O	O	I	O	L	O	O	S	L	N	M	O
N	N	L	L	I	L	S	O	O	M	S	U	U	O	I

189

下图中，问号处应该填什么数字？

答案见135页

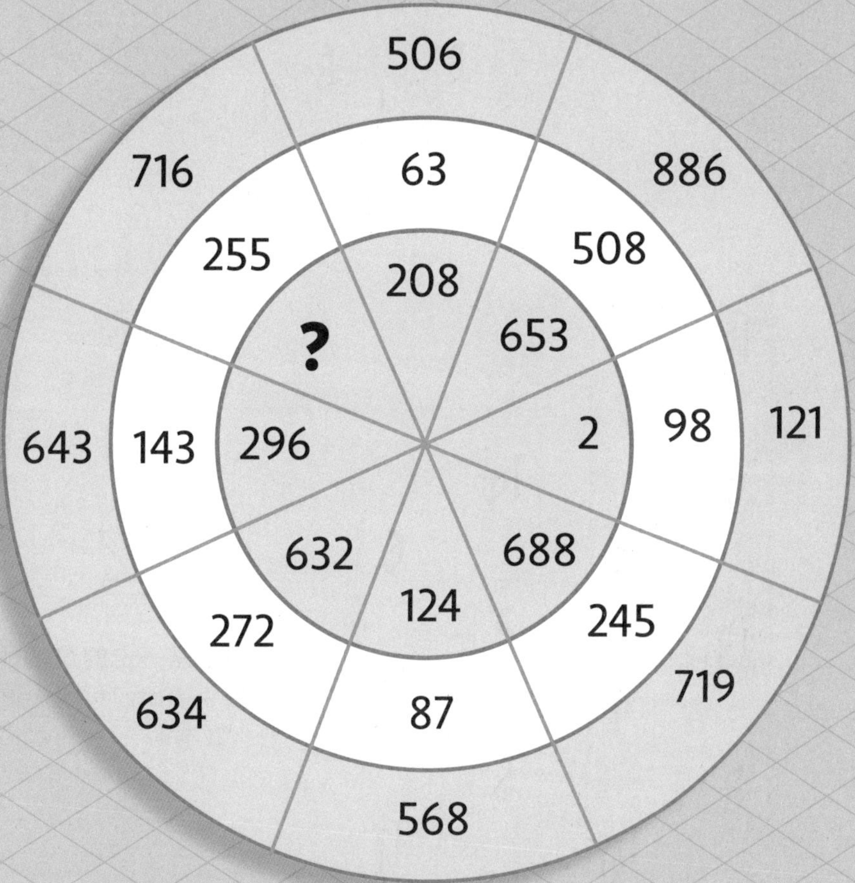
506
716
886
63
255
508
208
?
653
643
143
296
2
98
121
632
688
124
272
245
634
87
719
568

190

您能快速解出这个谜语吗？什么东西它越湿你就越干燥？

191

图中的哪个字母不
属于这个三角形?

答案见135页

118

答案见135页

192

左图按照一定的逻辑顺序
排列，请问问号处应该填
什么数字?

193

您能否找到一个三位数能将左边
所有的数整除？

33535

313111

73777

29299

3883

答案见135页

194

按照顺序从每一个球中取出一个字母，您能组成三个不同的城市名吗？

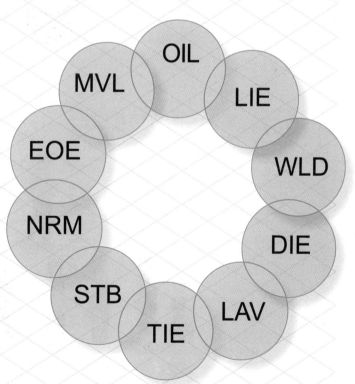

195

依次从每个灯泡中取出一个字母，分别组成五条河流名。请问这些河流名是什么？

答案见136页

答案见136页

196

要从十二个人中选五个人组成一个社团。其中必须包括两位女性和一位男性。请问有多少种不同的组合方法？

197

这些多米诺骨牌是按照一定的逻辑排列的，请问问号处应该填什么？

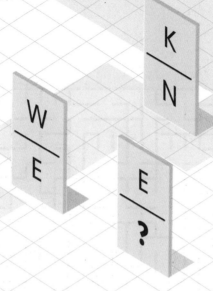

答案见136页

答案见136页

121

198

下列所列的单词有问题，您能指出其中的问题吗？

Biscay   Baffin

Chesapeake   Bengal

James   Fundy

Hudson   Campeche

Ionian

您能从迷宫中走
出去吗?

起点

122

终点

答案见136页

200

下表的图形是按照一定的
模式排列的，您能完成空
白处的部分吗？

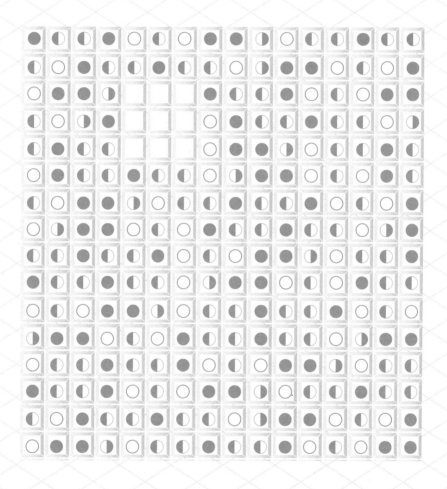

答案见136页

答案

01

B（地点的第一个字母是名字的第四个字母。）

02

63（=17+12+17+17）

03

022，185，348，511，674，837

04

卡迪夫（其他选项都在英格兰。）

05

Bee Gees（比吉斯乐队），**Saturday Night Fever**（《周末夜狂热》）

Whitney Houston（惠特尼·休斯顿），**The Bodyguard**（《保镖》）

Pink Floyd（平克·弗洛伊德），**The Dark Side of the Moon**（《月之暗面》）

Celine Dion（席琳·狄翁），**Falling Into You**（《钟爱你》）

06

1个正直，99个堕落

07

A6

08

6	8	3	5	2
8	0	1	5	1
3	1	7	6	9
5	5	6	4	8
2	1	9	8	2

09

最后一行的中间（中间的交叉图形应该是+，而不是×。）

10

11

Uganda（乌干达），**Australia**（澳大利亚），**Czech Republic**（捷克共和国），**Mexico**（墨西哥），**Scotland**（苏格兰）

12

10（=2+2+3+3，答案不唯一。）

13

21×31=651

14

列表单词为非首都城市和首都城市交替排列，但是**Frankfurt**（法兰克福）不是德国的首都，德国的首都在**Berlin**（柏林）。

15

Potassium（钾），**Manganese**（锰），**Molybdenum**（钼），**Phosphorus**（磷），**Hydrogen**（氢）

16

Copenhagen（哥本哈根），**Georgetown**（圭亚那首都乔治敦），**Bratislava**（斯洛伐克首都伯拉第斯拉瓦）

17

第二行第三列的2L

18

W（跳过两个字母，接着跳过一个字母，然后是零个字母。）

19

weapons（武器）：**flamberge**（焰形剑），**guisarme**（弯刀长矛），**chakram**（环刃）
languages（语言）：**Eblaite**（埃卜拉语），**Palaic**（巴莱语），**Ugaritic**（乌加里特语）
colours（颜色）：**amaranthine**（紫红色），**celadon**（灰绿色），**sanguineous**（血红色）
fish（鱼类）：**barbel**（触须白鱼），**snook**（锯盖鱼），**rasbora**（波鱼）

20

1537264809（正确的数列是最上面一行及第二行的第一个数字。）

21

12（L=13，M=17，N=11）

22

1（数字显示其所在位置矩形的数量。）

23

T（三个三角形内的字母组成单词triangulated。）

24

Manhattan（曼哈顿）
Bronx（布朗克斯）
Brooklyn（布鲁克林）
Queens（皇后镇）
Staten Island（斯塔顿岛）

25

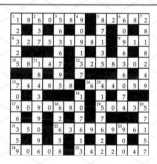

26

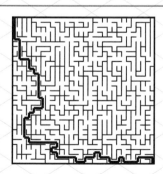

27

28

PE puli（波利犬），tosa（斗犬），skye（匐犬），chow（松狮犬）

29

4（H=8，D=4，8-4=4）

30

R cigar（香烟），brink（边缘），crows（乌鸦），smart（聪明的）

31

Z（外圈字谜=中间圆圈内的字母+四个字母间隔）

32

Marrakesh（马拉喀什，摩洛哥历史名城）

33

第六天（第六天的时候，两颗卫星离起始点都是72度，在一条直线上。）

34

27	21	22	18	33
19	29	28	22	23
23	24	20	30	24
31	25	19	25	21
21	22	32	26	20

35

B（其他都是美国内战期间的战事。）

36

g

37

5（圆圈内各数相加，总数等于35。）

38

D（两个方块的一边相互重叠，圆形与邻近的一边相重叠。）

39

D（三角形中的字母拼写出单词whizzbangs。）

40

一个橙色的方形

41

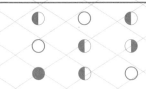

42

D（它是唯一一个不包含直线的图形。）

43

1154（×6，×17，×235，×12，×3，×21）

44

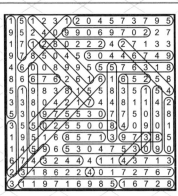

45

H（字母间的间隔每次增加一个。）

46

45

47

F

48

D

49

3059056，3719534

50

fortification（防御工事）

51

6（○=9，□=3，△=7.5）

52

Pings Hip，意为船运。其他的单词是**dinheiro**（迪内罗，十一至十六世纪西班牙发行的一种银币或合金币），**drachma**（德拉克马，希腊使用欧元前通行的货币单位），**guilder**（荷兰盾，荷兰使用欧元前通行的货币单位），**koruna**（克朗，捷克货币单位名），**ostmark**（马克，民主德国使用欧元前通行的货币单位）。

53

54

7

55

E

56

5的倍数（依次为5^8至5^{17}。）

57

761（×47，×4，×476，×19，×9，×158）

58

6（每个扇形区域内的数字加起来是21。）

59

792

60

42（=9+9+9+7+8）

61

H

62

有两只手和两只脚

63

P（所有的字母都代表它们在26个字母表里的顺序数。相交的字母是顶部圆圈的和、底部字母的差。）

64

A

65

13（从0、1开始，每个数字是它前面两个数字的和。这是斐波那契数列。）

66

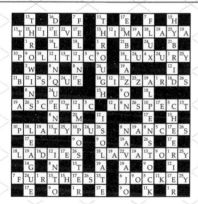

67

4（y=2，a=1，b=3，c=5）

68

10128233（=6703×1511）
27140447（=6703×4049）
52839749（=6703×7883）

69

两只16磅的箱子和四只17磅的箱子

70

三角数

71

黄色三角形（中间的图案等于外圈的其中一个图案——在第一张图中，中间的图案等于底端右边的图案，在接下来的图中，围绕外圈按照顺时针方向，在前一张外圈图案基础上向前进一步，就能得到中间图案。）

72

```
H S S P S I S H H S I I A S S
S S D D H I I A D P A A D S D
A I I A P D H S D A I A A P I
I A H P H A I A A A P D P P D
P D P P H H I H D S D D H D I A
A P A S P I S I P P D I D D
I P A I D I I A H I A I S I I
P I I I I A P D P I S H H P S
H A A P D A H I A A A P I H P
H D A S I D H I A I P A S P A
S A S S D A A S I S S S I H H
D A I P P S H I I S H S D S P
S D S D A I D I P D A S I D S
I A S A I I A A S I A I H P D
I P A S D P I D S S S P D I H
```

73

33（英语字母就等于它在26个字母表里的顺序数，两个相邻数值之间的差依次增加1。）

74

Dubai（迪拜），**Tomsk**（托木斯克），**Perth**（珀斯），**Essen**（埃森），**Kyoto**（京都）

75

0（第二行的数字等于第一行的数字减去第三行的数字。）

76

8（=6×4÷3）

77

19（外面四个方形中水平位置的两个数字相加，减去剩下的一个数字，得到的差放在中间方形对角线方向的位置。）

78

152843769，412739856，
653927184，735982641，
326597184

79

$(8 + 4 - 3) × 2 - 7 + 5 - 9 = 7$

80

6（E等于A加B之和的个位数。）

81

●（每次重复之后，去掉最开始的两个图形。）

82

35（其他均为素数。）

83

E（字母等于它在26个字母表里的顺序数。第一个圆中对角线位置字母代表的数值之差等于中间字母代表的数值。）

84

4（743 - 489 = 254）

85

均为素数

86

11:25（时针每次往回走2小时，分针每次往前走15分钟。）

87

A（矩形）

88

B（英语字母等于它在26个字母表里的顺序数，第一列减去第二列等于第三列。）

89

1827049536

90

91

B（英语字母等于它在26个字母表里的顺序数，第一行减去第二行等于第三行。）

92

3（C中的数字是B中的数字的两倍或者一半，依次交替。）

93

$(23+8-1) ÷ 10 × 5 = (8 × 2) - 1$

94

I，N

95

25（每个数字都能和另一个数字相加得50。）

96

D（英语字母等于它在26个字母表里的顺序数，横向比较，J是E的两倍，X是L的两倍，N是G的两倍，所以问号处的字母应该是B的两倍，对应字母D。）

97

其中一个解法是
1024×7=7168÷4=1792×3=5376÷2=2688

98

30

99

外圈数字接续为576，
小于576的第一个素数为571，
（576-571）×5=25

100

A5（表格里的数字在1-100之间，填上的数字都是素数。）

101

斐波那契数列

102

103

第一行第六列的6D

104

M（每个圆形内的字母按逆时针方向都是一个八个字母组成的单词。）

105

N（多米诺骨牌包含了元素周期表里元素的首字母。）

106

Vera Cruz（韦拉克鲁斯）

107

22	33	16	35	9
34	9	21	31	20
30	18	38	8	21
12	20	30	17	36
17	35	10	24	29

108

5（9-4＝5）

109

均为平方数

110

3187（×17，×54，×2，×26，×85，×23）

111

14（＝2+5+2+5）

112

抛两次（如果你两次得到的都是正面或背面，就再投一次。如果你每次得到的结果不同，在其中一面上标上H-T，另一面标上T-H。得到H-T和T-H的概率是一样的。）

113

8	9	2	3	9	5	8	3			3		
0		6		7			3	0	1		7	
2	5	6		4		2			3	4	2	
1		4		1	2	7	7	1	4	9		3
		4	8	3		4		6		1	8	3
		7		2		9		8		3		5
5			8	4	3	3	2	3	8	6		7
9			2		9		5		8		1
8	6	0	3	5	2	4	1	7		9	7	2
	1		7		1		5	8	4		8
5	9	6	6	8	2	9	4	6		4	0	9
3		6		7		3		2			
4	2	0		6	4	3	3		

114

正确的序列是：638012503140

115

第$10\frac{2}{7}$天（在第$10\frac{2}{7}$天，运行较快的卫星距离起点$51\frac{3}{7}$度，并且已经运行了一圈，正要开始第二圈，而这时运行较慢的卫星正好与它相对，距离起点$231\frac{3}{7}$度。）

116

Anna Karenina（《安娜·卡列尼娜》），**Leo Tostoy**（列夫·托尔斯泰）

117

W（2×18+2-15=23。字母代表其在26个字母表中对应的顺序数。）

118

627953481，847159236，923187456，215384976，537219684

119

黄色的方形右上角有一个蓝色的小方形（八宫格围绕左上角的大图顺时针旋转，完成一圈之后，往反方向逆时针旋转。）

120

2（■=1，⬡=2，▲=4，⬤=4）

121

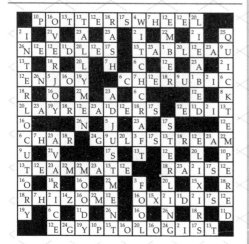

122

1（9761272= 523×18664，
3913086=523×7482，
1868679=523×3573，
2504124=523×4788，
8013929=523×15323）

123

其中一个解法是
[(13+5)× 6+4]÷16=(6²-8)÷4

124

5（=2+3，没有用到7）

125

12.6

126

4975883和7505993（84337×59和84337×89）

127

B（由五个形状相同、大小不同的多边形组成，每个图形都相互重叠但是互不包含。）

128

C

129

Giuseppe Arcimboldo（朱塞佩·阿尔钦博托），**The Fire**（《火》）；**Max Beckmann**（马克斯·贝克曼），**Actors Triptych**（《演员三部曲》）；**Frits Van den Berghe**（弗里茨·范登·伯根），**Sunday**（《星期天》）；**Francisco Goya**（弗朗西斯科·戈雅），**Carnival Scene**（《狂吹》）；**Vincent van Gogh**（文森特·梵高），**Self-portrait**（《自画像》）

130

6（把第二行当作一个单独的数字，乘以2后和第一行的数字相加，结果等于第三行数字。）

131

3:29:40（时针和分针每次有规律地增加，第一次增加1小时22分，第二次增加2小时33分，以此类推。秒针每次增加10秒。）

132

1298

133

134

regoliths（风化层）

135

anaconda（水蟒），**ibis**（朱鹭），**echidna**（针鼹鼠），**quetzal**（绿咬鹃），**anteater**（食蚁兽）

136

D

137

5（DE=AB−C，把AB和DE各看作一个两位数。）

138

◗（当图形完成一圈后，再反向绕行。）

139

D（其他的选项都是英国首相的名字。）

140

20（每个数字和其他两个数字都是一个基础数字的3倍、5倍和8倍，但是缺少了4×5。）

141

RATS序列数（"反向相加，然后归类"，将左边的数与它的反向数相加就能得到右边数字的正确形式，比如16+61=77，然后将序列按照递增顺序排列即可。）

142

它包含了零到9的每一个数字。

143

d

144

V
devas（提婆），breve（特许状），valet（贴身男仆），ovine（绵羊的）

145

L（所有的字母都代表它们在26个字母表里的顺序数，第一列的第一个数加第一列的第二个数等于第二列的第三个数，以此类推。）

146

N，应该是M（按照26个字母表的顺序，第二个圆形中的每个字母都和第一个圆形中的字母间隔七个字母。）

147

B

148

8	4	2	7	6
4	3	1	1	9
2	1	2	5	0
7	1	5	9	1
6	9	0	1	8

149

H6（填写完成后呈现的数列为1、20、37、52、65、76、85、92、97、100，从末尾开始两数相减，结果为一组递增的奇数。）

150

106，255，404，553，702，851

151

0（L=5，M=−13，N=42）

152

E（球队名字的第一个字母是第二个人名字的最后一个字母。）

153

29（=10+4+7+8）

154

[（9×7-18）÷5+23]×2÷8=8

155

4（每个圆形中的数字相加都等于80。）

156

中间左边的格子（漏掉了完整的中等大小的圆形。）

157

H

158

90-31=59

159

五条狗，五只猫（5×6+5×5 = 56-1）

160

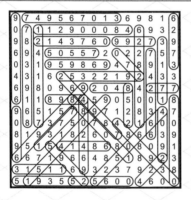

161

D（它是唯一一个有一个矩形不和任何一边相交的图形。）

162

Mount McKinley（麦金利山）
Kilimanjaro（乞力马扎罗山）
Pico de Orizaba（奥里萨巴火山）
Popocatepetl（波波卡特佩特火山）
Ben Macdhui（本·麦克杜伊山）

163

其中一个算法是
**1344×7=9408，9408÷3=3136，
3136÷8=392，392×5=1960**

164

37（从1开始，每次递增一个奇数。）

165

9814072356

166

R（13+9-4=24-2-4=18）

167

多德卡尼斯群岛（其他都不是群岛。）

168

E，L，N

169

55（其他数字都是个位和十位调换位置成对的。）

170

38（=7+8+8+9+6）

171

5（该圆形将素数按照顺序排列，从中心圆形的左上部开始向外排列，然后从外圈向第二个圆形排列，以此类推。）

172

没有左脚

173

f3

174

平方数=121，144，441
素数=101，211，421
偶数=44，100，440
888的除数=111，222，444

175

2（有几条边直接围绕数字。）

176

Superior（苏必利尔湖）
Michigan（密歇根湖）
Huron（休伦湖）
Erie（伊利湖）
Ontario（安大略湖）

177

9（679-385=294）

178

FN（字母代表其在26个字母表中的顺序数。将字母转化为数字，中间圆圈的数字除以内圈数字的幂就是外圈的数字，外圈数字是基于A-Z的26个字母。）

179

9（按照26个字母表的顺序，用字母代替数字，从18开始按顺时针表格里的单词是RATIONALISTS。）

180

5（6228-2408=3820=7495-3675）

181

40

182

Chambertin（香贝丹）是一种红酒。
其他单词分别为：roquefort（洛克福羊乳干酪），lymsewold（一种芝士），camembert（卡门培尔乳酪），wensleydale（温斯利代尔干酪），red leicester（红列斯特奶酪）

183

27（4096，6400，7921，8836）

184

E

185

186

X位数的最大素数（X=4到13）

187

6（y=1，a=7，b=3，c=4）

188

```
O S N S I O M S S I O N I U I
L U S U M U N U S U L U U O N
M U N O I S N U M L U S L N S
S O I S U O O L U N S L S O I
I U U L M U L U M I U L S U N
L M S U M N M N U S I S M I O
S N U I N I S I M L O M U S
I M I U I U L O U L I L M O N
I N O O S U O N I M U L S N N
M U O N U L O O U U U O L M U
O N U S I U L O M S M N S N I L
L U M U U I S M L I U N M O L
L O U M M I S I U N U S S S I
I L N O O I O L O O S L N M O
N N L L I L S O O M S U U O I
```

189

491
向内运算，n-(n+1)=(n+2)，取绝对值

190

毛巾

191

L（其他字母至少都有一个字母与其对称。）

192

5（先将外面三个数相加，再将得到的两位数的十位数和个位数相加，得到的结果就是中间正方形中的数字。）

193

353（×95，×887，×209，×83，×11）

194

Montevideo（乌拉圭首都蒙得维的亚）
Libreville（加蓬首都利伯维尔）
Willemstad（拉丁美洲荷属安的列斯群岛首府威廉斯塔德）

195

Congo（刚果河），**Indus**（印度河），**Yukon**（育空河），**Tiber**（台伯河），**Rhone**（罗纳河）

196

735（7! ÷2! 5! ×5! ÷3! 2! +7! ÷3! 4! ×5! ÷2! 3! +7! ÷4! 3! ×5! ÷1! 4!）

197

D（多米诺骨牌拼出的单词是KNOTWEED。）

198

Lonian是群岛名称，其他单词都表示海湾。

199

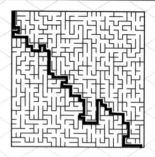

200

该模式从最上方左边的图案开始，从左往右，然后再向左折回。

解谜笔记